Practical Maritime English

해사실무영어

김명준·이상민·김경석·강인철 편저

문운당

머리말

국제신사(International Gentlemen)로 통하는 해기사는 근무하는 직종의 특수함으로 인해 전 세계를 다니며 다양한 나라의 사람들과 접촉하는 경우가 많다. 특히 요즘처럼 혼승선이 많은 경우는 선내에서도 유창한 영어실력을 필요로 한다.

이러한 해기사의 근무 현실을 감안해 볼 때, 해기사로서 꼭 필요한 항목 중의 하나가 국제어인 영어라고해도 과언이 아닐 것이다. 해기사들은 전공적인 지식에 해당하는 부분에 있어서는 물로, 실무에서 사용하는 영어 역시 일반생활영어와 조금씩 다른 부분들이 존재하기 때문에 해기사에 꼭 맞는 영어 교재가 필요하다.

시중에서 판매되고 있는 일반적인 영어 회화에 대한 교재는 많이 있으나, 해기사의 직무를 수행하는 데 적합한 교재는 아직 출간된 것이 거의 전무한 실정이다.

본 교재는 이러한 부분에 대한 문제를 조금이나마 해결하고자 기존에 만들어진 한국 해기연수원의 자료를 토대로 새롭게 구성한 교재로 초급해기사가 되려는 학생이나 일반인들에게 유용한 자료가 될 것이다.

특히 한국해기연수원의 도움으로 여러 상황에 맞는 음원파일을 제공받아 신세대의 주류에 맞게 MP3파일로 변환하여 출간하였으므로, 본 교재를 이용하는 학생이나, 일반인들은 장소나 시간의 구애를 받지 않고 해기사 실무 영어를 배울 수 있을 것이다.

모쪼록 본 교재가 해기사들의 현장실무에 크게 보탬이 될 수 있기를 저자 일동은 기대하고 있으며, 끝으로 교재를 완성하는 데 많은 도움을 주신 문운당에도 감사의 뜻을 전한다.

2009.12.

저자일동

차 례

Unit 1_ Departure from the airport ········· 7

Unit 2_ Arrival at the airport ········· 15

Unit 3_ Port entry ········· 25

Unit 4_ On-off boarding of pilot and berthing ········· 51

Unit 5_ Meeting with supervisor ········· 71

Unit 6_ Cargo operation ········· 85

Unit 7_ Supply for ship ········· 105

Unit 8_ Survey ········· 119

Unit 9_ Bunkering ········· 153

Unit 10_ Consumables of engine part and supply of lubricating oil ········· 167

Unit 11_ Going ashore ········· 185

Unit 12_ Receipt and signing of documents for loading and discharge ········· 205

Unit 13_ Drydocking ········· 211

Unit 14_ Medical officer education program ········· 235

Unit 15_ The standard marine navigational vocabulary ········· 249

Unit 01

Departure from the airport

Section 1. FLIGHT RESERVATION(항공편 예약)

Section 2. SEATED IN A PLANE(기내착석)

Section 1

FLIGHT RESERVATION

Kim Good morning. This is Kim In Ho.

I would like to make a reservation on a flight to L.A. December 3.

Airline Yes, Mr. Kim. We have some seats left in the economy class on a plane that leaves at 9:30 A.M. on December 3.

Kim That will be fine.

What time does it arrive in L.A.

Airline It gets into L.A. at 8:00 P.M. on December 4.

Kim Thank you very much. Please book me on that flight.

May I have your name? In case of any question later.

Airline Sure, my name is Jane Brown.

May I have your address and telephone number in addition to information concerning your travel?

Kim My name is Kim In Ho, Chief officer of Gold shipping company.

I will be staying at the Hilton Hotel:

My room number is 832 and the telephone number is 733 - 7799.

Airline Thank you very much. I have booked you on that flight.

Kim Thank you, but, what time do I have to be at the Airport?

Airline Check-in time 8:30.

You have to be there half an hour before departure time.

항공편 예약

김인호 안녕하세요. 김인호입니다.
12월 3일 로스앤젤레스에 도착하는 비행기편을 예약하려고 합니다.

항공사 예, 선생님, 12월 3일 오전 9시 30분 출발하는 비행기의 일반석이 몇 개 남아 있습니다.

김인호 좋습니다.
로스앤젤레스에는 몇 시에 도착합니까?

항공사 12월 4일 오후 8시에 도착합니다.

김인호 감사합니다. 비행기편을 예약해 주세요.
그리고, 혹시 문의사항이 있을지 모르니… 댁의 성함 좀 가르쳐 주세요.

항공사 제인 브라운 입니다.
김선생님의 주소와 전화번호 그리고 여행목적을 알려주십시오.

김인호 골드쉽핑선박회사의 1항사인 김인호이며 승선관계로 로스앤젤레스에 가서 힐튼호텔에 투숙할 것입니다.
방은 832호이고, 전화번호는 733-7799입니다.

항공사 대단히 감사합니다. 비행기의 좌석을 지정해 드리겠습니다.

김인호 감사합니다. 그런데 공항에는 몇 시까지 나와야 합니까?

항공사 탑승수속은 8시 30분에 합니다.
그러니깐 출발 30분 전까지는 나와 있어야 합니다.

Section 2

SEATED IN A PLANE

Airport Announcement	Ladies and gentlemen. Passengers departing on flight 234 for Los Angeles at 9:30, Please proceed to exit number 3. Once again. Ladies and gentlemen, passengers departing on flight 234 for Los Angeles at 9:30, to exist number 3.
Kim In Ho	Good bye, my loving country till I see you again!
Stewardess	Good morning, sir.
Kim In Ho	Here's the ticket. Where's my seat?
Stewardess	It's beside the lady at the end of the third row on the right.
Kim In Ho	Thank you.
Cabin Announcement	Good morning, ladies and gentlemen. We will be taking off right away. Please refrain from smoking and fasten your seat belts.
Cabin Service	Would you like some coffee, tea or milk?
Kim :	Coffee, Please.
Captain's Announcement	Good morning, ladies and gentlemen. This is captain George Brown to take you to your destination safely. This airplane took off from Kimpo airport at 9:30, and is flying to Los Angeles as scheduled. We shall land at Honolulu airport at 4:47 pacific standard time. Our altitude is 30,000 feet and our speed is 800 Km per hour.
Cabin	Ladies and gentlemen, we will land in Houolulu

기내착석(機內着席)

공항 안내방송 안내말씀 드리겠습니다.
9시 30분출발하는 로스앤젤레스행 234번기에 탑승하실 분은 3번 출구로 나가주십시오. 다시 한번 말씀 드리겠습니다.
9시 30분 출발하는 로스앤젤레스행 234번기에 탑승하실 분은 3번 출구로 나가주십시오.

김인호 사랑하는 고국이여 다시 올 때까지 안녕!

여승무원 안녕하세요.

김인호 표 여기 있습니다. 좌석이 어디죠?

여승무원 오른쪽 3번째 줄의 끝 여자손님 옆자립니다.

김인호 감사합니다.

기내방송 승객 여러분 안녕하십니까?
곧 이륙하겠습니다. 흡연을 자제해 주시고 안전벨트를 착용해주시기 바랍니다.

기내서비스 뭘 좀 드시겠습니까? 커피, 홍차, 우유가 있습니다.

김인호 커피로 하겠습니다.

기 장 안내방송 신사 숙녀 여러분 안녕하십니까?
저는 승객 여러분을 목적지까지 안전하게 모시고 갈 기장 조지 브라운입니다. 지금 이 비행기는 9시 30분김포공항을 이륙하여 예정대로 로스앤젤레스를 향하여 비행하고 있습니다. 우리는 호놀룰루 국제공항에 태평양 표준시간으로 4:47분에 도착할 예정입니다.
현재 우리는 고도 30,000피트에서 시속 800km의 속력으로 비행하고 있습니다.

Announcement Airport in 10 minutes. Please fasten your seat belts. Presently the weather in Honolulu is fine and the temperature is 25°C.

Stewardess Would you get up, please?
You have to finish immigration.

Kim In Ho Oh! We arrived at America too soon!

Airport Announcement Ladies and gentlemen.
Honolulu airport is the gateway to the United States. Passengers who have finished immigration and will continue their trip to the continent, please reboard the airplane. Once again. Ladies and gentlemen, Passengers who have finished immigration and will continue their trip to the continent, please reboard the airplane.

기내방송	10분 후 호놀룰루 국제공항에 착륙하겠으니 승객 여러분은 안전벨트를 착용해 주시기 바랍니다. 현재 호놀룰루의 날씨는 맑으며 기온은 25°C 입니다.
여승무원	손님 일어나시겠어요? 입국수속을 하셔야 합니다.
김인호	아 ! 벌써 미국에 다 왔군요!
공항 안내방송	신사, 숙녀 여러분. 이곳 호놀룰루는 미국의 관문입니다. 입국수속을 마치신 후 본토로 가실 분은 다시 비행기에 탑승해 주시기 바랍니다. 다시 한번 말씀 드리겠습니다. 입국수속을 마치신 후 본토로 가실 분은 다시 비행기에 탑승해 주시기 바랍니다.

Unit 02

Arrival at the airport

Section 1. Immigration(입국수속)

Section 2. Customs(세관수속)

Section 3. Hotel reservation by telephone from the airport(공항에서의 전화에 의한 호텔예약)

Section 4. Checking in at a hotel(호텔에 숙박을 신청하다)

Section 1

IMMIGRATION

Inspector What's your destination?

Kim In Ho Los Angeles.

Inspector Is this your first trip?
Also what is the purpose of your trip?

Kim In Ho Yes, It's my first trip and I'm going to go aboard Golden Shipping Company's ship.

Inspector Where are you going to stay?

Kim In Ho At the Hilton Hotel.

Inspector Please sign the entry card...and let, me see your passport, visa and medical certificate.

Inspector Good. Here is your passport.

Kim In Ho Is it finished?

Inspector Yes. I'm all finished.

Kim In Ho Thank you.

Inspector Have a good trip.

입국수속

심사관　당신의 여행 목적지는 어디입니까?

김인호　로스앤젤레스 입니다.

심사관　처음 오셨습니까?
그리고 여행 목적은요?

김인호　네, 처음입니다.
글든쉽핑회사의 선박에 승선하기 위하여 오게 되었습니다.

심사관　숙박 장소는 어디입니까?

김인호　힐튼 호텔입니다.

심사관　입국 카트에 서명해주시고… 각종 서류를 잠깐 봅시다.
여권, 비자, 건강증명서.

심사관　네, 좋습니다. 여권을 챙기십시오.

김인호　벌써 입국수속이 끝났습니까?

심사관　네, 끝났습니다.

김인호　감사합니다.

심사관　그럼, 좋은 여행되시기 바랍니다.

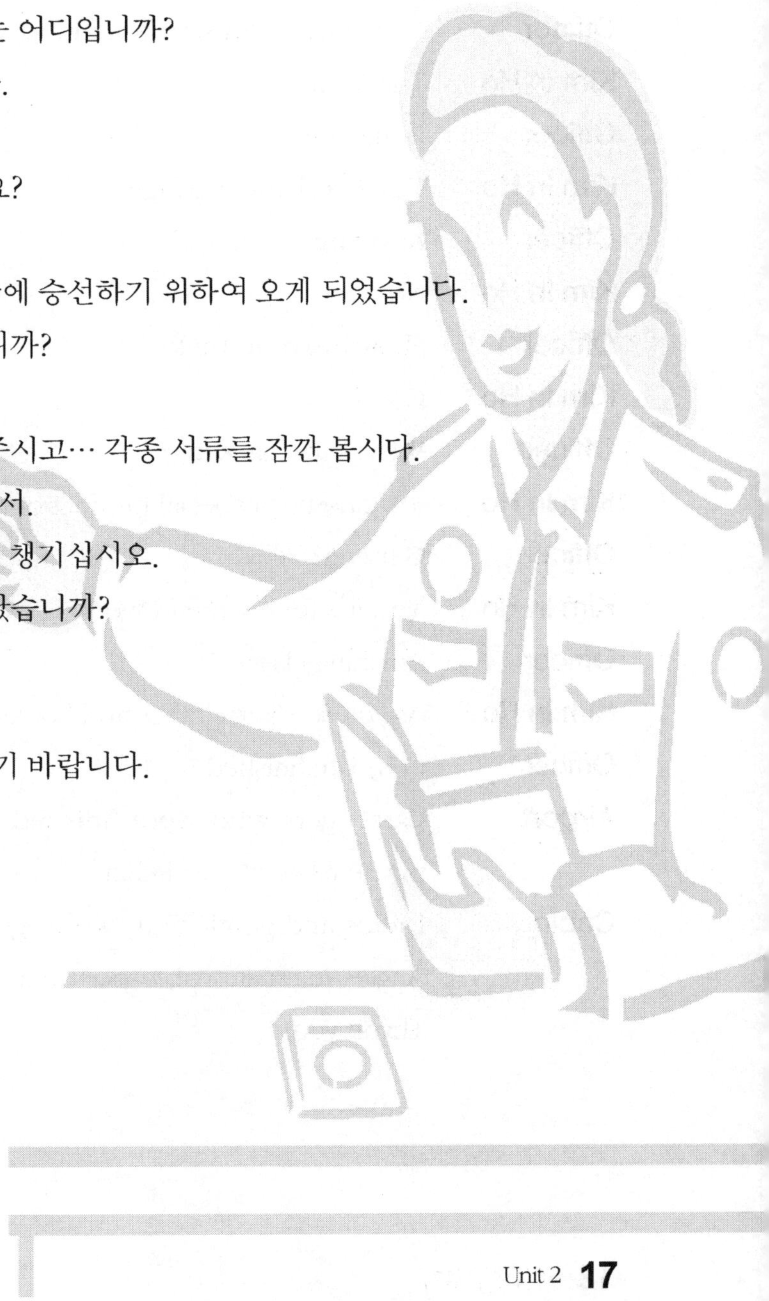

Section 2

CUSTOMS

Officer	Next, please. Show me your baggage.
Kim In Ho	This is all.
Officer	Is that all?
Kim In Ho	Yes, it's all my baggage.
Officer	Anything to declare?
Kim In Ho	No.
Officer	Show me your trunk.
Kim In Ho	Good.
Officer	What's this package?
Kim In Ho	It's ginseng, a special product of Korea.
Officer	Ginseng?
Kim In Ho	Yes, It's for my friend working in our agency.
Officer	Anything else?
Kim In Ho	As you see, just clothes and books.
Officer	O.K. I'm finished
Airport	Passengers who were finished entry procedures, Announcement please reboard the aircraft.
Cabin	Ladies and gentlemen, we're going to land at Announcement Los Angles International Airport in a minute. Please fasten your seat belt. Thank you.

세관수속

세 관 원　다음 분, 소지품을 보여 주세요.

김 인 호　이것입니다

세 관 원　이것이 전부입니까?

김 인 호　네, 저의 짐은 이것이 전부입니다.

세 관 원　신고할 물건은 없습니까?

김 인 호　없습니다.

세 관 원　트렁크를 보여주세요.

김 인 호　네, 좋습니다.

세 관 원　이 포장은 무엇입니까?

김 인 호　한국 특산물 인삼입니다.

세 관 원　인삼이라구요?

김 인 호　네, 그렇습니다. 대리점에 근무하는 친구에게 줄 선물입니다.

세 관 원　그 외에는 다른 거 뭐 없습니까?

김 인 호　그 외에는 보시다시피 옷과 책 뿐이죠.

세 관 원　좋습니다. 이것으로 끝났습니다.

공항 안내방송　입국 수속을 마치신 승객 여러분은 다시 비행기에 탑승해 주시기 바랍니다.

기내방송　신사, 숙녀 여러분. 잠시 후 이 비행기는 로스앤젤레스 국제공항에 도착하겠습니다. 승객 여러분께서는 안전벨트를 착용해주시기 바랍니다. 감사합니다.

Section 3

HOTEL RESERVATION BY TELEPHONE FROM THE AIRPORT

Operator	Good afternoon, Hilton Hotel.
Kim	Reservation desk. Please.
Operator	One moment.
Clerk	Reservation desk. May I help you?
Kim	Yes, I'd like to make a reservation for two nights starting from tonight.
Clerk	What kind of room would you like, sir?
Kim	I'd like single. A quiet one, if possible.
Clerk	Just a moment, please. I'll check Ah, Yes, we have one single available for two days.
Kim	How much will it be?
Clerk	It's $60 a night, sir.
Kim	$60? Don't you have anything less expensive?
Clerk	I'm sorry, but our other rooms are already booked for tonight.
Kim	O.K. I'll take it then.
Clerk	May I have your name?
Kim	My name is Kim In Ho.
Clerk	Would you spell it for me, please?
Kim	Yes, my last name is Kim.
Clerk	Thank you very much, Mr. Kim. And what time can we expect you to arrive?
Kim :	I'm calling from the airport. I think I'll get there in about an hour.

공항에서의 전화에 의한 호텔예약

교　환　안녕하십니까? 힐튼호텔입니다.

김인호　예약계 좀 부탁할까요?

교　환　잠깐만 기다리세요.

사무원　예약계입니다. 도와 드릴까요?

김인호　오늘밤부터 2일간 예약하려고 합니다.

사무원　어떤 방을 원하십니까, 손님?

김인호　1인용 객실로요. 가능하다면 조용한 방으로 주세요.

사무원　잠깐만 기다리세요. 알아보지요…. 네, 2일간 1인용 객실을 쓰실 수 있겠습니다.

김인호　숙박비는 얼마죠?

사무원　하룻밤에 60달러입니다.

김인호　60달러요? 더 싼 방은 없습니까?

사무원　죄송하지만, 오늘밤 다른 방은 이미 예약이 됐습니다.

김인호　좋아요. 그럼 그 방으로 하죠.

사무원　성함이 어떻게 되십니까?

김인호　김인호입니다.

사무원　철자를 불러 주시겠어요?

김인호　네, 성은 김, KIM입니다.

사무원　대단히 감사합니다, 김 선생님.
몇 시에 도착하실 겁니까?

김인호　여긴 공항인데요. 약 한 시간 후면 그곳에 도착할 겁니다.

Section 4

CHECKING IN AT A HOTEL

Clerk	Good afternoon, may I help you sir?
Kim	I would like a room for tonight.
Clerk	Single or double?
Kim	Single, please.
Clerk	Do you have a reservation?
Kim	Yes, I think a reservation was made by our Golden shipping company agent in L.A.
Clerk	I see, what is your name, please?
Kim	Korean, Kim-In ho. KIM.
Clerk	Let me see. I'll check the reservation book. Yes, we have your reservation. We have a room reserved for you, Room No.832.
Kim	Thank you. By the way, is this room with bath?
Clerk	Yes, it is
Kim	Is this hotel American style or European style?
Clerk	American style, sir.
Kim	What is the check-out-time?
Clerk	12 o'clock noon, sir. Now, will you sign the register, please. The Bellboy will take your bags and show you to your room.
Kim	Thank you.
Clerk	Have a good time, please.

호텔에 숙박을 신청하다

사무원　어서 오십시오. 도와 드릴까요?
김인호　오늘 저녁 지낼 방을 구하고 싶은데요.
사무원　몇 인용이죠?
김인호　1인용입니다.
사무원　예약은 하셨습니까?
김인호　로스앤젤레스에 있는 골든쉽핑 선박 대리점에서 예약을 했을 겁니다.

사무원　아, 그렇습니까? 성함이 어떻게 되시죠?
김인호　한국인 김인호입니다.
사무원　예, 예약이 되어 있습니다.
손님 이름으로 방을 마련해 두었습니다.
832호입니다.
김인호　감사합니다.
그런데 그 방은 욕실이 딸려 있습니까?
사무원　예, 딸려 있습니다.
김인호　이 호텔은 미국식입니까, 아니면 유럽식입니까?
사무원　예, 저희 호텔은 미국식입니다.
김인호　체크아웃 시간은 언제입니까?
사무원　정오 12시입니다.
그러면 여기 숙박부에 서명해 주세요. 벨보이가 짐을 들어다 드리고 방으로 안내해드릴 것입니다.
김인호　감사합니다.
사무원　편히 쉬십시오.

Unit 03

Port entry

Section 1. Quarantine(검역)
Section 2. Immigration(출입국관리)
Section 3. Customs(세관)
Section 4. Agent(대리점)

Section 1

Quarantine

Quarantine Officer	Please let down the gangway about 1 meter.
3rd Mate	All right, just a moment. How's that?
Quarantine Officer	A little more,. Thanks.
3rd Mate	Good morning, welcome aboard.
Quarantine Officer	Thank you and good morning, may I see your captain?
3rd Mate	Sure, he's in his cabin, follow me.
Quarantine Officer	It's a beautiful ship, where are you from?
3rd Mate	From L.A.
Quarantine Officer	What nationality is the crew?
3rd Mate	Korean.
Quarantine Officer	Good morning, Captain. I'm the quarantine officer.
Captain	Good morning, please come in and take a seat.
Quarantine Officer	Thank you, this is my nurse. Miss Gordon.
Nurse	How do you do, Captain?
Captain	Just fine, pleased to meet you, Miss Gordon. Would you care for cold drink? It's rather hot outside.
Quarantine Officer	Oh. Yes. 7-up, please. Thank you.
Captain	Miss Gordon?
Nurse	Please, thank you !
Captain	You're welcome.
Quarantine Officer	Captain, have you ever been to Singapore before?
Captain	Yes, about 2 years ago. But it's the first time on this ship.
Quarantine Officer	May I see your Quarantine documents?

검역

검역관	현문 사다리를 한 1미터만 더 내려 주시오.
3항사	예, 내려 드릴게요, 잠시만 기다리세요. 되었습니까?
검역관	아주 조금만 더 내려 주시오. 되었습니다.
3항사	어서 오십시오. 수고가 많습니다.
검역관	안녕하십니까? 감사합니다. 선장님은 배에 계십니까?
3항사	예, 방에 계십니다. 저를 따라 오십시오.
검역관	배가 상당히 멋있군요. 어디서 오시는 길입니까?
3항사	로스앤젤레스에서 왔습니다.
검역관	승무원들은 어느 나라 사람들입니까?
3항사	한국사람입니다.
검역관	안녕하십니까? 선장님, 검역관입니다.
선장	아! 어서 오십시오. 이쪽으로 앉으시지요.
검역관	감사합니다. 여기는 우리 간호원 Gordon양입니다.
간호원	안녕하세요? 선장님.
선장	안녕하세요? Gordon양 뭐 시원한 음료수라도 드시겠습니까? 날씨가 꽤 덥군요.
검역관	예, 세븐업 있으면 부탁합니다. 감사합니다.
선장	Gordon양은 무엇으로 드실까요?
간호원	같은 것으로 주세요. 고맙습니다.
선장	천만에요.
검역관	선장님, 전에 싱가폴에 오신 적이 있으신가요?
선장	오고말고요. 약 2년 전에. 그러나 이 배로는 처음입니다.
검역관	검역관계 서류들 좀 보여 주실까요?

Captain Sure, here's my crew list, yellow card and seaman's book.

Quarantine Officer Let's see here. 3 copies of your crew list and how many yellow cards?

Captain With 29 crew members it should be 29 cards.

Quarantine Officer Yes, that's correct, and do you have any plants or animals on board?

Captain No, we sure don't

Quarantine Officer Are any of your crew members a infected with an epidemic or any other infectious disease?

Captain Expect for one man with a tooth ache, all are healthy.

Quarantine Officer Does everyone have valid vaccination card?

Captain I've prepared a list of the man whose vaccination cards need to be updated here in Singapore.

Quarantine Officer That's good, Miss Gordon can give these men vaccination's right here on board.

Captain Thank you, I'll have the men assemble in my cabin.

Quarantine Officer Captain, I'll need one more copy of your crew list.

Captain I'll have it copied.

Quarantine Officer If possible, I'd like to have a typed document instead of a copy.

Captain No problem, I can give it to you shortly, here come my crew for the vaccinations.

Quarantine Officer Good, Miss Gordon please give them the injections they need to update their vaccination records.

Nurse Yes, sir. OK, Please pull up your right sleeve and step forward one by one.

Crew A Hello, I'm deckhand, Kim

선 장 예, 여기 선원명부, 검역카드, 선원수첩이 있습니다.

검역관 어디 좀 볼까요 ? 선원명부가 3부,
그런데 검역카드는 몇 부지요?

선 장 승무원이 29명이니까 검역카드는 29매이지요.

검역관 참, 그렇겠군요.
애완용 새나 기타 애완용 동물은 없습니까?

선 장 예, 검역을 받을 만한 동식물들은 없습니다.

검역관 전염병에 감염된 선원이라든가 기타 아픈 사람은 없는지요?

선 장 치통이 있는 한 명 이외에 다른 승무원들은 모두 건강합니다.

검역관 예방주사 유효기간이 넘은 사람이 있습니까?

선 장 그 전염병 예방주사의 유효기간이 넘어서 이번에 싱가폴에서 주사를 맞아야 하는 사람들의 명부를 여기에 따로 작성해 놓았습니다.

검역관 좋습니다. 우리 간호원 Gordon양이 지금 여기서 주사를 놓아 드릴 것입니다.

선 장 감사합니다. 곧 저의 선실로 부르도록 하겠습니다.

검역관 선장님, 선원 명부가 1부 더 필요한데요.

선 장 그러시면 복사해 드리겠습니다.

검역관 가능하면 복사 대신에 타자기로 1부 더 쳐주시면 감사하겠습니다.

선 장 그럴까요? 그럼 즉시 그렇게 하지요.
아! 주사 맞을 사람들이 모두 모인 것 같습니다.

검역관 그렇군요. Gordon양, 여기 예방 접종자 명단이 있으니까 그 사람들을 대조해 가면서 주사 좀 놓아주세요.

선 원 알겠습니다, 검역관님.
자 한 분씩 오른쪽 소매를 걷고 이리로 오시지요.

승무원A 저는 갑판원 KIM입니다.

Nurse Let me see now, OK. I found it on the third row and you need a vaccine for cholera.

Crew A OK, But try and make it painless please. I've never liked shots.

Nurse Sure, just pull up your sleeve a little more, this won't hurt much. All right, now that wasn't too bad, was it? Just hold this cotton on the shot for a while and don't rub it. Next!

Crew B I'd like it on my left arm?

Nurse No problem.

Quarantine Officer That man's yellow card doesn't have a stamp, He'll need a new one.

Captain Let me see, You're right. He does need a new one.

Quarantine Officer Captain, you missed a stamp on this document.

Captain I must have overlooked that one.

Quarantine Officer Captain, what's the date of vaccination for smallpox on this card? It isn't very clear.

Captain It should be April 25th.

Quarantine Officer Today is the 10th, so we've got 15 days until it expires.

Captain Let's see, we'll be leaving here in 3 days and it takes more than 20 days to get to Vancouver, which means it will expire before we get there. So this man will be needing a vaccination shot also, sorry about that.

Quarantine Officer Don't worry, that happens often.

Captain The validity for smallpox, cholera and yellow fever on this yellow card are 3 years, 6 months and 10 years respectively?

간호원 그러세요. 가만있자… 아, 여기 세 번째 칸에 당신 이름이 있군요. 이번에 콜레라백신을 맞으시지요?

승무원A 예, 그래요. 아프지 않게 놓아주세요.
전 어렸을 적부터 주사라면 딱 질색입니다.

간호원 예, 알았습니다. 옷소매를 좀더 위로 올려주세요. 조금 아프겠지만 참으세요. 자 됐습니다. 주사 맞은 자리에이 소독솜을 대고 있으세요. 문지르거나 세게 누르시면 안됩니다. 다음 분 오세요.

승무원B 왼쪽 팔에 맞아도 괜찮은가요?

간호원 예, 상관없습니다.

검역관 지금 예방주사를 맞는 저분의 검역카드는 스탬프를 찍어줄 여백이 없군요. 카드를 새로 하나 만들어야겠군요.

선 장 어디 봅시다. 정말 그런데요. 수고스럽지만 그렇게 해주세요.

검역관 선장님, 이 서류에 스탬프를 안 찍으셨군요.

선 장 미처 확인을 못한 것 같습니다.

검역관 선장님, 이 검역카드의 천연두 접종일자가 몇 일입니까?
잘 안 보이는 군요.

선 장 이건 4월 25일 아닙니까?

검역관 그렇다면 오늘이 4월 10일 이니까, 앞으로 15일 후면 유효기간이 만료되겠군요.

선 장 3일 후 여기를 출항하여 다음 항구인 캐나다의 밴쿠버까지는 20일이 넘게 걸리는데, 그러면 밴쿠버 도착 전에 유효기간이 끝나겠군요.
그러면 이 사람을 추가로 예방 접종자 명단에 넣고 천연두 예방접종을 여기서 좀 해주시지요. 미안합니다.

검역관 염려 마십시오, 이런 일은 종종 있으니까요.

선 장 검역카드상의 예방접종 기재대상인 천연두, 콜레라, 황열병의 유효가 각각 3년, 6개월, 10년이지요?

Quarantine Officer	You're right, Miss Gordon. Please add this man to the smallpox list and give him a vaccination.
Nurse	Yes, sir.
Quarantine Officer	All right, Captain. We're finished with our quarantine procedures and you can let the "Q" flag down now. Quarantine is completed at 14:30
Captain	Thank you very much. I'll have my duty officer lower the flag.
Quarantine Officer	May I use your V.H.F. to inform my office of the completion time?
Captain	Be my guest. It's on the Bridge.
Quarantine Officer	Thanks for your cooperation. Good-bye and Bon voyage.
Captain	Thank you again and good bye. The 3rd mate will take you to the gangway.

검 역 관 예, 그렇습니다. Gordon양! 이 사람을 천연두 접종자 명단에 추가로 기입하고 주사 좀 놓아 주시오.

간 호 사 예, 알았습니다.

검 역 관 자, 그럼 검역절차는 이것으로 모두 끝났습니다.
선장님, 검역기를 내리도록 해주시겠습니까?
검역완료 시각은 14시 30분으로 하겠습니다.

선 장 감사합니다.
당직사관에게 연락하여 내리도록 하겠습니다.

검 역 관 V.H.F. 좀 사용해도 되겠습니까?
저희 사무실에 검역완료 시각을 알려줘야겠는데요.

선 장 물론이지요. 선교에 있습니다.

검 역 관 협조해 주셔서 감사합니다. 아무쪼록 안전한 항해가 되시기를 바랍니다. 안녕히 계십시오

선 장 감사합니다. 안녕히 가십시오. 우리 3항사가 현문까지 안내해 드릴 겁니다.

Section 2

Immigration

Immigration Officer Good morning, Captain?
I'm the immigration officer.

Captain Welcome aboard. Please come on in and sit down.

Immigration Officer Thank you. Is your crew Chinese?

Captain Do they look Chinese to you? From captain to apprentice, all of crew are Koreans. It seems hotter than when I was here last month. Higher humidity, too.

Immigration Officer Right. As the rainy season starts, it becomes hot and stuffy. Now, can I see the paper for immigration?

Captain Here you are. Crew list and seaman's books.

Immigration Officer How many are there in your crew? And how many are for duty exchange by on and off boarding?

Captain 28 crews including me and no passengers. 5 of them are supposed to go ashore for repatriation tomorrow morning.

Immigration Officer How many days do you need for landing permission?
What's your E.T.D.?

Captain Today is April 1st, and considering a day's possible delay, you can have it till April 5th, since E.T.D. is April 4th.

Immigration Officer April 5th? O.K. Then, April 5th. Tell all your crew that landing permit is restricted within this port and don't go too far.

Captain I will. But I need to visit the Korean Consulate with my-radio operator- to get the employment expiries for the authorization

출입국 관리

출입국 관리관 안녕하십니까, 선장님
출입국 관리관입니다.

선 장 어서 오세요. 이쪽으로 들어와 앉으시지요.

출입국 관리관 감사합니다. 승무원은 중국인입니까?

선 장 그렇게 보입니까? 우리 배의 승무원들은 선장부터 견습원까지 모두 한국인입니다. 지난 달에 왔을 때 보다 날씨가 훨씬 더워진 것 같습니다. 습기도 많고요.

출입국 관리관 예, 이곳은 지금부터 우기가 시작되니까 덥고 후덥지근해지지요. 자, 입국수속에 필요한 서류를 보여주실까요?

선 장 여기 있습니다. 선원명부, 선원수첩 등입니다.

출입국 관리관 승무원은 모두 몇 명이지요? 여기에서 승 · 하선 교대자 는 몇 명이나 됩니까?

선 장 승무원은 저까지 포함하여 28명이고 여객은 없습니다. 여기서 하선 귀국할 사람들은 5명인데 내일 아침에 하선할 예정입니다.

출입국 관리관 상륙증 사용기간을 언제까지로 하면 되겠습니까?
출항일이 언제입니까?

선 장 오늘이 4월 1일 이니까, 혹시 하루 늦어질 것을 감안해서 4월 5일까지로 하면 될 겁니다. 출항예정일이 4월 4일이니까요.

출입국 관리관 4월 5일이요? 예 그러면, 4월 5일까지로 하겠습니다.
전 승무원들에게 상륙 중에 상륙허가구역이 이 항구로 한정되어 있으니까 멀리 딴 곳까지 가면 안 된다고 좀 알려주세요.

선 장 예, 알았습니다. 그러나, 저와 통신장은 이번에 하선 귀국하는 사람들의 선원수첩 고지공인을 위하여 한국영사관까지 갔다 와야 하는

on the seaman's books. But the consulate is located beyond the permitted area. What can I do?

Immigration Officer Then, only for you captain and the radio operator, I will extend permission. And all of the crew must sign the shore pass upon receipt and carry it.

Captain O.K. Thank you.

Immigration Officer We have many stowaways here. So conduct a thorough search inside the ship at the departure and if anyone is found immediately send us cable.

Captain Of course.
I'll check every place stowaways can hide.

Immigration Officer Let me see. Do you have a separate list of repatriates going ashore?

Captain Yes. Here are two copies.

Immigration Officer Thank you. But your signature and ship stamp are missing.

Captain Oh, sorry. I guess I missed it in my rush.
I'll do it right away.

Immigration Officer Now, all is finished. Thank you for your cooperation. Have to say good-bye. See you again.

Captain Thank you. Good-bye.

데요. 그곳은 제한구역 밖인데 어떻게 하지요?

출입국 관리관 그러면, 선장님과 통신장의 상륙증만 제한구역을 그곳까지 확대시켜 드리겠습니다. 그리고 전 승무원은 이 상륙증을 받는 대로 각각 소지자 서명을 해서 갖고 다녀야 합니다.

선 장 알겠습니다. 감사합니다.

출입국 관리관 이곳은 밀항자가 많은 곳이니까, 출항시는 반드시 선내 점검을 철저히 해주시고, 만일 출항 후 밀항자가 발견되면 즉시 저희들에게 타전바랍니다.

선 장 예, 물론 이지요. 출항 후 밀항자가 숨을 만한 곳은 모두 검사토록 하겠습니다.

출입국 관리관 가만있자 …
하선귀국자의 명단을 따로 작성하신 것은 어디 있지요?

선 장 예, 여기 2부 만든 것이 있습니다.

출입국 관리관 감사합니다. 그런데 선장님 서명과 선박의 스템프가 빠졌군요.

선 장 아, 미안합니다. 급히 서둘러 만들다 보니 빠뜨린것 같군요.
해드리지요.

출입국 관리관 자. 다 마쳤습니다. 협조해 주셔서 감사합니다.
이만 돌아가 보겠습니다. 또 뵙겠습니다.

선 장 감사합니다. 안녕히 가십시오.

Section 3

Customs

Customs Officer Good morning, Captain? I'm the customs officer.

Captain Welcome aboard. I am the captain. Have a seat, please.

Customs Officer Thank you. Can I see your customs documents?
I am a little busy today as I have got to get over to another ship berthing in an hour from now.

Captain Sure, Here are all the documents.
Two copies of the crew baggage list and 3 copies of the stock list in bond store.

Customs Officer Thank you. But we need 3 copies of the crew baggage list, too.

Captain Do you? We checked with the agent by cable before arrival, and they said two copies are enough. But I will provide you with one more any way.

Customs Officer Excuse me, Captain, but while staying at this port, cigarettes and all liquors are not allowed in the private rooms. Except cigarettes for personal use and wine, all liquors shall be kept in bond store and be returned at departure. That's customs regulation.

Captain I didn't notice it since it's my first visit to this port. Then, I will keep all of it in bond store.

Customs Officer Thank you. Also we have considerably strict regulation on such personal items as drugs or pornography. Anyone found possessing such items could be fined up to US $2,000. So you'

세관

세관원 안녕하십니까? 선장님. 세관원입니다.

선　장 어서 오십시오. 선장입니다. 이쪽으로 앉으세요.

세관원 감사합니다. 우선 통과서류 좀 보여 주시겠습니까?
한 시간 후에 접안하는 배가 있어 그 배에도 곧 가야 해서 바쁩니다.

선　장 예, 모두 여기 있습니다.
승무원 휴대품 목록 2부와 보세창고 재고품 목록 3부 입니다.

세관원 감사합니다. 그런데 승무원 휴대품목록도 3부 있어야 하는데요.

선　장 그렇습니까? 입항 전에 대리점에서 전보로 문의하니까 2부만 있으면 된다고 해서 2부만 만들었습니다.
미안합니다. 곧 1부 더 해드리지요.

세관원 선장님 죄송합니다만, 이 창구에 정박 중에는 승무원 휴대품 중 담배와 각종 주류는 개인 방에 갖고 있을 수 없습니다.
개인용 담배와 와인을 제외한 모든 주류는 보세창고에 넣었다가 출항 시 다시 꺼내드리겠습니다. 그것이 세관의 규칙입니다.

선　장 저는 이 항구에 처음 왔기 때문에 잘 몰랐습니다. 그럼 사람을 시켜서 모두 그것들을 모아 보세창고에 넣도록 하겠습니다.

세관원 감사합니다. 그리고 우리나라는 마약류라든가 춘화류 등의 개인소지에 대해서도 상당히 엄합니다.
적발되면 벌금이 미화 2,000불입니다. 그러니깐 혹시 승무원 중 한 사

d better check thoroughly whether any crew members have any drugs as marijuana or pornography.

Captain I see. All my crew members are very straight and has very little to do with those things. Also our company, imposes a strict prohibition on using those materials. I had a thorough inspection in the ship before arrival. To prevent any mishap, I' ll search again.

Customs Officer How much beer or beverages do you need for an entertainment during your stay? You may have a couple of cigarettes packs for personal use.

Captain Are they 3 cases of beer, 2 cases of coke, 2 cases of 7-up and 10 packs of cigarettes would be enough?

Customs Officer Do you have a list of the landing crew for repatriation and also their baggage?

Captain Yes. You have them with the documents. We have 3 repatriates. Shall I get them to bring their baggage?

Customs OfficerI would be pleased. That's for a brief inspection. Also crew members going ashore to buy electronics worth over US $50 should get a hand carry certificate at the customs office.

Captain Understood. Here are the repatriates with their baggage. You may inspect it.

Customs Officer Excuse me, but will you open your baggage? Also if you have any tobacco or alcohol, please declare it.

Crew A O.K. Look. I've nothing valuable. 3 boxes of cigarettes, Johnny walker and 1 Chivas Regal.

Customs Officer What is in this bag?

람이라도 마리화나 등의 마약이나 춘화 등을 갖고 있는지 철저히 확인 바랍니다.

선 장 예, 알겠습니다.

저희 승무원들은 모두 착실해서 그런 것들과는 거리가 멉니다. 저희 회사에서도 그런 면에서는 상당히 엄하게 다루고 있습니다. 그렇지 않아도 입항선 항해 중에 선내에서 철저히 자체검사를 했습니다. 그러나 혹시 모르니까 다시 한번 알려 주겠습니다.

세관원 여기 정박 중에 접대용으로 사용하실 맥주나 음료류 등은 얼마나 필요하십니까?

담배도 접대용으로 사용하실 것은 몇 갑 꺼내 놓아도 됩니다.

선 장 맥주 3박스와 콜라 2박스, 7-up 2박스, 담배 열 갑 정도면 충분할 겁니다.

세관원 그리고 이번에 하선 귀국할 사람들의 명단과 그들의 휴대품 목록이 있습니까?

선 장 예, 그 서류들 밑에 함께 있습니다. 이번에 귀국하는 사람들은 3명인데 그들의 휴대품을 모두 갖고 오라고 할까요?

세관원 죄송하지만 그렇게 해 주시겠습니까? 간단한 검사만 하면 됩니다. 그리고 승무원들이 상륙하셔서 사시는 물건들 중 미화 50불 이상 되는 물품이나 모든 전자제품은 배에 갖고 들어오기 전에 꼭 세관에 가셔서 해외로 반출한다는 확인서를 받도록 해 주시기 바랍니다.

선 장 알겠습니다. 여기 귀국할 사람들과 그들의 휴대품이 왔습니다. 검사 하시지요.

세관원 죄송하지만 이 가방들 좀 열어 주시겠습니까? 그리고 연초류, 주류 등이 있으시면 신고해 주시기 바랍니다.

승무원A 예, 보시지요. 저는 별로 값나가는 물건도 없습니다. 담배는 3보루, 양주는 조니워커 1병, 시버스리걸 1병이 있습니다.

세관원 이쪽 기방에는 무엇들이 들어 있지요?

Crew A It's almost empty with some books and dirty laundry.

Customs Officer O.K. You don't need to open it. I'm finished. Put this sticker on your bag, and don't remove it until check-out at the airport. You two gentlemen, just tell me if you have anything to declare.

Captain I don't think they have anything particular to declare.

Customs Officer Fine. Now, Captain, I'd like to have a look at the ice chamber in steward compartment. After that, I will look around the cabin of all the crew members. Please get ready for it.

Captain O.K. the Saloon boy will accompany you. The crew's quarters are already opened. You can inspect them any time.

Customs Officer I'm all finished now. I've locked up the bond store after inspecting it and I will open it before departure. You have customs clearance. See you again at departure.

Captain Thank you. Good-bye.

승무원A 이 가방은 거의 비어 있습니다. 속옷 입던 것 몇 벌과 책 몇 권뿐입니다.

세관원 그럼 열지 않으셔도 됩니다. 끝났습니다. 그리고 이 스티커를 가장손잡이에 붙여 주시고 공항에서 출국할 때까지는 떼지 마시기 바랍니다. 다른 두 분들도 신고하실 물건들만 말씀해 주세요.

선 장 나머지 두 사람도 마찬가지로 검사할 물건들이 별로 없을 겁니다.

세관원 자, 그럼 선장님, 선내보세창고와 사주부의 냉장고를 검사하겠습니다. 그리고 그것들이 끝나면 전 승무원들의 선실을 검사할테니 준비해 주십시오.

선 장 예, Saloon Boy가 안내해 드릴 겁니다. 그리고 모든 승무원들의 방은 이미 다 열어 놓았으니 언제라도 검사하셔도 좋습니다.

세관원 검사는 모두 끝났습니다. 선내 보세창고는 검사 후 자물통에 납으로 봉인을 해 놓았습니다. 출항하기 직전에 열어 드리지요.
여기 통관증이 있습니다. 그럼 출항하실 때 다시 뵙겠습니다.

선 장 감사합니다. 안녕히 가십시오.

Section 4

Agent

Agent Good morning, Captain?
I am Steve, from your agency Golden Shipping.

Captain Come on in. Glad to see you again. It's been several months since I last saw you. We met each other last year when I came on the Santos.

Agent Oh! Yes ! I am very sorry not to have recognized you.
You must be Captain Park, if I am right? Sometimes I can't member since working with so many ships.

Captain Right! I am Captain Park Young-Chul. You have a reasons not to remember since it's one of the biggest and busiest ports in the world.

Agent In about 30 minutes, we have another ship berthing at the pier right in front of us and I have to get there, too. That's why I am very busy right now. Well, first, would you show me your certificates?

Captain So you're always busy. By the way, Could you first hand me the documents telex or mail from my company if any? The crew are hot for letters from home more than anything else when they arrive at a port.

Agent I am very sorry. I forgot to give them to you first. I was thinking only about my own job. Here you are. This envelope contains documents, this is the telex from your company and charterer, and this is mail.

Captain Thank you. And I wonder if the cash advance from the company has arrived yet.

Agent Yes. Here it is, too. 8,500 U.S. dollars. You may check it and sign this receipt.

대리점

대리점원 선장님 안녕하십니까?
당신 회사의 대리점인 Golden Shipping Steve.

선 장 어서 오십시오. 반갑습니다. 이거 몇 달 만입니까?
작년에 센토사에 왔을 때 한번 뵌 적이 있지요?

대리점원 아! 정말 그렇군요. 몰라 뵈어서 죄송합니다.
박 선장님이시지요, 아마? 하도 많은 배들을 상대로 일하다 보니 제가 잊었던 것 같습니다.

선 장 예, 박영철 선장입니다. 이 곳은 세계에서도 몇 번째 가는 크고 바쁜 항구니까 그럴 만도 하지요.

대리점원 약 30분 후에 이 배 바로 앞쪽 부두에 배가 또 한 척 접안할 예정인데 제가 그 배에도 가봐야 합니다. 그래서 좀 바쁘군요. 우선 증서들 좀 주시겠습니까?

선 장 그렇습니까? 그런데 저희 회사에서 온 서류나 텔렉스, 우편물 같은 것이 있으시면 먼저 좀 주시지요. 승무원들은 입항하면 제일 먼저 가족들한테서 온 편지를 기다리니까요.

대리점원 죄송합니다. 그걸 먼저 드리는 것을 잊었군요. 여기 있습니다.
이것이 공문서류가 든 봉투이고, 이것은 선장님 회사와 용선주한테서 온 텔렉스, 이것이 우편물입니다.

선 장 고맙습니다. 그리고 저희 회사에 신청한 전도금은 송금이 왔는지 모르겠군요.

대리점원 예, 그것도 야기 있습니다. 미화 8,500불입니다. 세어 보시고 여기 영수증에 서명 좀 부탁합니다.

Captain Thank you. And what certificates do you need?

Agent First of all, the ship's register, tonnage certificate and other certificates by international conventions, including safety construction certificate, safety equipment certificate, safety radiotelegraphy certificate and load line certificate.

Captain Now, I have them all here. I'll pull them out for you.

Agent Captain, you have 5 people from Korea to get aboard this ship at this port, and they are to arrive by plane at noon. Upon their arrival, I'll take them to the ship at once. Are the repatriates all ready to get ashore?

Captain Yes. They are all ready and waiting in their cabins. Baggage inspection at customs is over, too.

Agent How many patients do you have to take to the hospital?

Captain A quartermaster is complaining about a pain in his lower abdomen. Better take him to the hospital for a check-up. Our 3rd mate will come with him as an interpreter.

Agent I guess I couldn't take him to hospital myself as I am very busy, but I've prepared a map showing the direction to the hospital. I've arranged a taxi to get here around 1 in the afternoon. Show this map to the driver, and he'll take him to the hospital.

Captain I see. And what about the repatriates schedule?

Agent Among 5 repatriates, 3 are for Seoul and 2 for Pusan. They will take the plane separately.

Captain But they can go ashore at the same time?

Agent Of course. I'll come back to take them after I finish the port entry of the ship I mentioned before. They can get ashore in an hour.

Captain Everyone is ready at any time.

선　　장　　감사합니다. 그리고 증서들은 무엇이 필요하지요?

대리점원　　우선 선적증서, 톤수증서 그리고 각종 국제협약관계증서를 주시지요. 안전구조증서, 안전설비증서, 안전무선증서, 만재수선증서 등 말입니다.

선　　장　　예, 모두 여기 있습니다. 빼 드리지요.

대리점원　　선장님, 이번에 이 항구에서 승선을 위해 한국을 출발하는 사람들은 5명인데 오늘 정오에 이곳 비행장에 도착할 예정입니다. 도착하는 대로 곧 본선으로 데리고 오겠습니다. 하선귀국자들은 모두 하선준비가 되었지요?

선　　장　　예, 모두 준비완료하고 각자 방에서 대기 중 입니다. 세관의 휴대품 검사도 끝났습니다.

대리점원　　병원에 데리고 갈 환자들은 몇 명이나 있습니까?

선　　장　　예, 조타수 한 사람이 며칠 전부터 아랫배가 아프다고 하는데, 일단 병원에 데려가서 진찰 좀 받아보도록 해야겠습니다. 3등 항해사가 통역으로 따라갈 겁니다.

대리점원　　제가 바빠서 병원까지는 직접 안내를 못할 것 같아서 여기 병원 약도를 준비했습니다.

택시를 오후 한 시쯤 오도록 수배해 놓았으니까, 그 택시 운전수에게 이 약도를 보여 부면 병원까지 데려가 줄 겁니다.

선　　장　　알겠습니다. 그리고 귀국하는 사람들의 스케줄은 어떻게 되어 있습니까?

대리점원　　귀국자 5명중 3명은 서울, 2명은 부산으로 가시기 때문에 비행기편이 다릅니다.

선　　장　　하선은 모두 동시에 하는 거지요?

대리점원　　그렇습니다. 제가 아까 말씀 드린 다음 배의 입항업무를 마치고 다시 와서 그들을 데리고 가겠습니다. 한 시간 내로 하선하게 될 겁니다.

선　　장　　아무때라도 오시면 즉시 갈 수 있도록 지금 모두 준비하고 있습니다.

Agent Those to Seoul can go to the airport immediately upon landing to take the plane, but the others going to Pusan have to stay at the Central Hotel for the plane at 9 tomorrow morning.

Captain Two men going to Pusan can't speak English very well. Take good care of them.

Agent Of course. I'll take them to the passenger lounge after the check-out at the airport. You don't have to worry about them.

Captain Thank you. How long will it take to process them? It's the rainy season, and I guess there will be some delay? Could you tell me the E.T.D.?

Agent Maybe the 4th at the earliest, or the 5th of this month if delayed. Anyway, I'll arrange with the loading company for an early departure.

Captain Thank you.

Agent And Captain, it is dangerous here to get around alone. We have many hoodlums on the street, and very often foreign seamen are attacked, even robbed of their money. Make sure to go out in a group of 2~3 men.

Captain I see. I am going to visit the Korean Consulate with the radio operator. Can you arrange round trip transportation?

Agent Are you? Then, you can use the taxi which drove me here. I can call another one.

Captain You are very generous. It's very kind of you and thank you so much.

Agent Well, it seems everything is O.K., And I'll go to another place. I'm coming back to take the landing people after an hour.

Captain O.K. Thanks again. Good-bye.

대리점원 서울로 가시는 분들은 오늘 하선하는 대로 바로 공항으로 가서 비행기를 탈 것이고 부산가는 분들은 오늘 이곳 Central Hotel에서 하루 자고 내일 아침 9시에 비행기를 타게 됩니다.

선 장 부산으로 가는 2사람은 영어가 서투니깐 잘 좀 보살펴 주세요.

대리점원 물론입니다. 공항에서 Check-out하고 비행기 대기실까지 안내해 드리겠습니다. 염려하지 않으셔도 됩니다.

선 장 감사합니다. 하역은 얼마나 걸릴 것 같습니까?
요즘 이곳은 우기철이라 아무래도 예정보다 다소 늦어지겠지요? 출항 예정일은 언제로 보시는지요?

대리점원 빠르면 이달 4일, 늦으면 5일쯤 되겠지요.
하여튼 하역이 조속히 끝나도록 하역회사에 부탁해 놓았습니다.

선 장 감사합니다.

대리점원 그리고 선장님, 여기는 야간에 혼자서 다니면 위험합니다. 거리에 불량배들이 많아서 종종 외국선원들이 그들에게 폭행을 당하고 심지어는 금품까지 강탈 당합니다.
반드시 2~3명이 그룹으로 다니도록 해 주세요.

선 장 알았습니다. 그리고 저와 통신장이 대한민국 영사관까지 가야 할텐데, 왕복차편 좀 마련해 주세요.

대리점원 그렇습니까? 그럼 제가 타고 온 택시를 이용하세요. 저는 딴 차를 오라고해서 타고 나갈테니까요.

선 장 그렇게 하셔도 되겠습니까? 친절도 하셔라, 정말 감사합니다.

대리점원 자, 이제 대충 끝났으니까 가보겠습니다.
그럼 한 시간쯤 뒤에 하선자를 데리러 오겠습니다.

선 장 네, 감사합니다. 안녕히 가십시오.

Unit 04

On-off boarding of pilot and berthing

Section 1. Departure from L.A. port(로스앤젤레스 항구)

Section 2. Arrival in Singapore port(싱가폴 항구)

Section 1

Departure from L.A. port

Captain	Angeles pilot, this is Korean Trader.
Pilot	Korean Trader, this is Angeles pilot. Come in on channel 14, over.
Captain	Channel 14, Roger.
Captain	Angeles pilot, this is Korean Trader. How do you read me? Over.
Pilot	Korean Trader. Your signal strength is five. Go ahead.
Captain	Good morning. We are ready for departure. What time will the pilot get aboard?
Pilot	The pilot is to board at 0800 hours.
Captain	0800 hours. Roger. Thank you. Will keep listening on channel 16. Out.
Pilot	Roger. Thank you. Out.
Captain	3rd officer, all stand-by, stand-by engine.
3rd Officer	All stand-by, stand-by engine.
3rd Officer	Stand-by engine ready sir, and I'll take the pilot to the bridge.
Captain	Go ahead.
3rd Officer	Good morning. I am 3rd officer, Hong Kil Dong. I'll take you to the bridge. The Quarter master will take your bag.
Pilot	Thank you.
3rd Officer	We stayed in Los Angeles for 3 days and had such good weather.
Pilot	Yes. Now the weather is wonderful in L.A. What is your next port of call?
3rd Officer	We are going to Singapore. According to the weather chart, we will have a good voyage.

로스앤젤레스 항구

선　장　앤젤레스 파일럿, 여기는 코리안 트레이더.

도선사　코리안 트레이더, 여기는 앤젤레스 파일럿. 채널 14로 나오시오, 오버.

선　장　채널 14, 알겠습니다.

선　장　앤젤레스 파일럿, 여기는 코리안 트레이더. 감도 어떻습니까? 오버.

도선사　코리안 트레이더, 그쪽의 감도는 5입니다. 말씀하십시오.

선　장　안녕하십니까? 본선은 출항준비가 되었습니다.
도선사는 몇 시에 승선하게 됩니까?

도선사　0800시에 도선사가 승선할 예정입니다.

선　장　0800시, 알겠습니다. 감사합니다.
채널 16에서 대기하며 계속 청수하겠습니다. 아웃.

도선사　알겠습니다. 감사합니다. 아웃.

선　장　3항사. All Stand-by와 Stand-by engine하시오.

3 항 사　All stand-by, stand-by engine.

3 항 사　Stand-by engine 되었고, 도선사를 선교에 모시고 오겠습니다.

선　장　다녀와요.

3 항 사　안녕하십니까. 3항사 홍길동 입니다. 제가 당신을 선교로 안내토록 하겠습니다. 가방은 갑판수가 들고 올라갈 것입니다.

도선사　감사합니다.

3 항 사　3일간 L.A에 정박했었는데 상당히 날씨가 좋더군요.

도선사　예, L.A 날씨는 지금이 가장 좋을 때지요.

3 항 사　싱가폴로 항해할 예정입니다.
기상도를 보니까 대체적으로 순항할 수 있겠더군요.

Pilot That's wonderful. Hum it's a hard job to walk up these stairs. How much farther?

3rd Officer Just two more stories.
It's five stories from the upper deck to the bridge.

3rd Officer Here we are at the bridge. Captain, the pilot is aboard.

Pilot Good morning, Captain.

Captain Good morning. We are ready for departure. We have diesel engines and no bow thruster. This is the list of the ship's instruments showing specifications and rpm for your information.

Pilot Yes. It's excellent. Is this ship made with a bulbous bow?

Captain Yes. The bow is the bulbous type.
By the way, when is the tug-boat coming?

Pilot There it comes now. First, take the single-up and hold the towing line at the starboard bow and starboard quarter and, use the line to bring in the tug-boat.

Captain All right.

Captain Fo'csle, poop, this is bridge. How do you read me?

Chief Officer Bridge, Fo'csle. I can read you well. Sir !

2nd Officer Bridge, Poop. I can read you well. Sir !

Captain Fo'csle, Leave headline and spring for each, start single-up, hold towing line of tug-boat to starboard !

Chief Officer Fo'csle. Start single-up and hold tug-boat to the starboard bow !

Captain Poop, Leave stern line and spring for each, start single-up, hold tugboat towing line to starboard quarter !

2nd Officer Poop. Start single-up and hold tug-boat !

Chief Officer Bridge, Fo'csle. Single-up ready and holding the tugboat.

Captain Bridge. Roger.

도선사　다행입니다. 음…올라가는데 상당히 힘들군요.
얼마나 더 올라가야 합니까?

3 항 사　두 층 더 올라가야 합니다.
상갑판에서 선교까지 5층이지요.

3 항 사　자, 여기가 선교입니다. 선장님. 도선사께서 승선하셨습니다.

도선사　안녕하십니까, 선장님

선　장　안녕하십니까. 본선은 항해 준비가 끝났습니다. 본선은 디젤엔진이고 선수 트러스터는 설치되어 있지 않습니다. 그리고 이것은 본선의 상세로 본선 제원이나 RPM에 따른 속력이 기재되어 있으니 참조하십시오.

도선사　예, 잘되어 있네요. 본선은 bulbous bow로 되어 있습니까?

선　장　예, 선수는 bulbous bow형입니다.

도선사　저쪽에서 현재 오고 있군요.
먼저 싱글업 하시고 우현 선수 및 우현 선미에 예산에 토우잉 라인을 잡으시고, 이때 라인은 예선깃을 이용하십시오.

선　장　예, 알겠습니다.

선　장　선수부서, 선미부서, 여기는 선교. 감도 어떻습니까?

1 항 사　선교, 선수부서. 감도 양호합니다.

2 항 사　선교, 선미부서. 감도 양호합니다.

선　장　선수부서, 헤드라인과 스프링 라인을 각 1개씩 남긴 채 싱글업 하고 예선의 토우잉 라인을 우현 선수에 잡으시오.

1 항 사　선수부서. 싱글업 하고, 우현선수에 예선을 잡겠습니다.

선　장　선미부서, 스턴라인과 스프링 라인을 각 1개씩 남긴 채 싱글업 하고 예선의 토우잉 라인을 우현 선미에 잡으시오!

2 항 사　선미부서. 싱글업 하고 예선을 잡겠습니다.

1 항 사　선교, 선수부서. 싱글업 하고 예선을 잡았습니다.

선　장　선교. 알았음.

2nd Officer	Bridge, poop. Single-up ready and holding the tug-boat !
Captain	Bridge. Roger.
Pilot	Captain, let go all lines.
Captain	Fo'csle, poop, Let go all lines !
Chief Officer	Fo'csle. Let go all lines !
2nd Officer	Poop. Let go all lines !
Chief Officer	Bridge, Fo'csle. All lines gone !
Captain	Bridge. Roger.
2nd Officer	Bridge, poop. All lines gone !
Captain	Bridge. Roger.
2nd Officer	Bridge, poop. The stern line is far enough away from the propeller. There is no risk of entangling.
Captain	Propeller cleared. Roger.
Pilot	Slow ahead. Hard starboard !
3rd Officer	Slow ahead !
Quarter Master	Hard starboard.
Quarter Master	Hard starboard ready !
3rd Officer	Slow ahead, Sir !
Pilot	Poop, Let go the stern towing line.
Captain	Poop, bridge. Let go tugboat towing line!
2nd Officer	Poop, Let go the tugboat towing line.
2nd Officer	Bridge, poop. The tugboat is gone, Sir!
Captain	Bridge. Roger.
Pilot	Fo'csle, Let go tugboat towing line of starboard bow!
Captain	Fo'csle, bridge. Let go tugboat.
Chief Officer	Fo'csle. Let go tugboat.
Chief Officer	Bridge, Fo'csle. Tugboat is gone, sir.

2 항 사　선교, 선미부서. 싱글업 하고 예선을 잡았습니다!

선　장　선교. 알았음.

도선사　선장, 모든 라인을 푸십시오.

선　장　선수부서. 신미부서, 모든 라인을 푸시오!

1 항 사　선수부서. 모든 라인을 풀겠습니다.

2 항 사　Poop. Let go all lines !

1 항 사　선교, 선수부서. 모든 라인을 풀었습니다!

선　장　선교. 알았음.

2 항 사　선교, 선미부서. 모든 라인을 풀었습니다!

선　장　선교. 알았음.

2 항 사　선교, 선미부서. 스턴라인이 프로펠러부터 멀리 떨어져 있어서 감길 위험은 없습니다.

선　장　프로펠러 클리어. 알았어요.

도선사　슬로 어헤드 하드 스타보드!

3 항 사　슬로 어헤드!

1갑판수　하드 스타보드.

1갑판수　하드 스타보드 되었습니다.

3 항 사　슬로 어헤드 되었습니다.

도선사　선미부서 선미의 예선을 놓으십시오!

선　장　선미부서, 선교 예선을 푸시오!

2 항 사　선미부서, 예선을 풀겠습니다!

2 항 사　선교, 선미부서 예선을 풀었습니다!

선　장　선교. 알았음.

도선사　선수부서, 우현선수의 예선을 푸십시오!

선　장　선수부서, 선교. 예선을 푸시오!

1 항 사　선수부서. 예선을 풀겠습니다!

1 항 사　선교, 선수부서. 예선을 풀겠습니다!

Captain Bridge. Roger.

2nd Officer Bridge, poop. Lift the gangway ladder?
On which side will I rig the pilot ladder!

Pilot Rig the pilot ladder at the starboard side by pulling it up 1 meter above the water.

Captain All right. I will set, the pilot ladder 1 meter above surface of water. Poop, bridge. Set the pilot ladder 1 meter above surface at starboard. Lift the gangway ladder completely.

2nd Officer Poop. Roger.

Pilot Captain, around 0930 hours, the Japanese ship Sanco Moon will approach the light buoy L.A. from the west. Take care!

Captain I see. I'll sign your paper.

Pilot Here you are.

Pilot Thank you. Bon voyage.

Captain Bye. 3rd officer, lead him off board.

3rd Officer Yes, sir. This way, please.

Pilot Thank you.

2/Quarter master I'll take your bag.

Pilot Thank you very much.

2/Quarter master Hey, take the bag down. Get ready.

Boat man O.K. Make it slow.

Pilot Have wish you a safe journey. Good-bye.

3rd Officer Bridge, The pilot left the ship safely, Sir!

Captain Roger. Well done.

선　장　선교. 알았음.

2 항 사　선교, 선미부서. 현문사다리를 올리고 도선사용 사다리는 어느 쪽에 준비할까요?

도 선 사　우현에 도선사용 사다리를 준비하시는데 수면상 1m까지 내려 주십시오.

선　장　예, 우현에 수면상 1 미터로 도선사용 사다리를 준비하지요.

선미부서, 선교. 도선사용 사다리를 수면상 1 미터로 우현측에 설치하고 현문사다리는 완전히 올려 주시요.

2 항 사　선미부서. 알겠습니다.

도 선 사　선장님, 09:30경 등부표 L.A에 일본선적 Sanco Moon호가 서쪽 수로로부터 전급 할 예정이니 유의하시길 바랍니다.

선　장　예, 알았습니다. 사인해 드리지요.

도 선 사　여기 있습니다.

도 선 사　고맙습니다. 안전항해를 바랍니다.

선　장　안녕히 가십시오. 3항사, 도선사가 하선토록 안내해드려.

3 항 사　예, 도선사, 이쪽으로 따라 오십시오.

도 선 사　고맙습니다.

2갑판수　가방은 제가 들어 드리지요.

도 선 사　매우 고맙습니다.

2갑판수　헤이, 가방을 내려 줄테니까 준비하십시오.

보 트 맨　오케이, 천천히 내리시오.

도 선 사　안전항해 바랍니다. 안녕.

3 항 사　선교, 도선사가 무사히 하선했읍니다.

선　장　알았어요. 수고했어요.

Section 2

ARRIVAL IN SINGAPORE PORT

Captain	Singapore Port Operation. This is Korean Trader. How do you read me? Over.
SPO	Korean Trader, Singapore Port Operation. Come on channel 12. Over.
Captain	Channel 12. Roger.
Captain	Singapore Port Operation, Korean Trader. This is channel 12. Over.
SPO	Good morning, captain. Go ahead.
Captain	Good morning. We are now on our way to point ME 1 Within ETA at the eastern pilot station of 0800 hours. Over.
SPO	0800 hours. Roger. What's the tonnage of your ship? Over.
Captain	15,280 gross tons. Over.
SPO	What's your nationality? Over.
Captain	Korean. Over.
SPO	What type of ship is yours? Over.
Captain	A general cargo ship. Over.
SPO	Who is your agent? Over.
Captain	Kallang agent. Over.
SPO	What's the maximum draft of your ship? Over.
Captain	The Maximum draft is 8-00 ms and the height is 30-00 ms. Over.
SPO	Thanks. Keep listening on channel 12. Over.
Captain	Roger. On Which side shall we rig the pilot ladder?
SPO	At starboard.

싱가폴 항구

선 장	싱가폴 포트 오퍼레이션, 여기는 코리안 트레이더, 감도 있습니까? 오버.
싱가폴 항만당국	코리안 트레이더, 싱가폴 포트 오퍼레이션. 채널 12호 나오시오? 오버.
선 장	채널 12, 알겠습니다.
선 장	싱가폴 포트 오퍼레이션, 코리안 트레이더, 채널 12입니다. 오버.
싱가폴 항만당국	안녕하십니까, 선장님. 말씀하십시오.
선 장	안녕하십니까. 현자 본선위치는 Point ME. 1에 있고 eastern pilot station의 ETA에 예상 도착시간은 08입니다. 오버.
싱가폴 항만당국	08시. 알겠습니다. 귀선 총톤수는 얼마입니까?
선 장	총톤수 15,280톤 입니다. 오버.
싱가폴 항만당국	국적은 어디입니까? 오버
선 장	한국입니다. 오버.
싱가폴 항만당국	귀선의 선종은 무엇입니까?
선 장	일반 잡화선입니다. 오버.
싱가폴 항만당국	대리점은 어디가 맡고 있지요? 오버.
선 장	Kallang 대리점에서 맡고 있습니다. 오버.
싱가폴 항만당국	귀선의 초대 흘수와 높이는 얼마입니까? 오버
선 장	최대흘수는 8-00m이고 높이는 30-00m입니다. 오버.
싱가폴 항만당국	감사합니다. 채널 12에서 계속 청수하여 주십시오. 오버.
선 장	알겠습니다. 도선사용 사다리는 어느 쪽에 준비해 둘까요?
싱가폴 항만당국	우현쪽에서 준비하여 주십시오.

Captain	Starboard, Roger. Will keep listening on channel 12. Out.
3rd Officer :	Good morning. Would you follow me to the bridge? Our Quarter master will bring your bag.
Pilot	Thank you. Did you have good weather on your way to Singapore?
3rd Officer	Yes, It was a smooth journey.
Pilot	Don't you have an elevator?
3rd Officer	We do, but it's out of order.
Pilot	I see. Let's go slowly.
3rd Officer	Here we are at bridge. Captain, the pilot is on board.
Pilot	Good morning, captain.
Captain	Welcome aboard. The rudder position is steady in mid-ship and the engine is Dead Slow ahead.
Pilot	I see. My bag, please. Thank you, Quarter Master.
2/Quarter master	Here it is. I'll hoist the flag.
Pilot	Half ahead! Starboard Ten!
3rd Officer	Half ahead!
H/Quarter master	Starboard ten.
H/Quarter master	Starboard ten, sir..
Captain	Pilot, the maximum draft is 8-00 meters, and we have diesel engines. Here are our specifications for your reference.
Pilot	Thank you. Mid ship.
H/Quarter master	Mid-ship!
H/Quarter master	Mid-ship, sir!
3rd Officer	Half ahead, sir!
Pilot	Steady three, two, zero!
H/Quarter master	Steady three, two, zero!
H/Quarter master	Steady three, two, zero! Sir.

선 장	우현측, 알겠습니다. 채널 12에서 계속 청수하겠습니다. 아웃.
3 항 사	안녕하십니까? 선교로 안내토록 할 터이니 저를 따라 오시기 바랍니다. 가방은 갑판수가 들고 올 것입니다.
도 선 사	감사합니다. 싱가폴로 오실 때 날씨가 좋았었나요?
3 항 사	예, 순항을 한 편이었습니다.
도 선 사	엘리베이터가 설치되어 있나요?
3 항 사	설치되어 있지만, 현재 고장 나있어 사용하지 못합니다.
도 선 사	예, 천천히 올라가도록 합시다.
3 항 사	자, 여기가 선교입니다. 선장님, 도선사가 승선했습니다.
도 선 사	안녕하십니까? 선장님.
선 장	오서 오십시오. 현재 타 중앙이며, 엔진은 Dead Slow ahead입니다.
선 장	예, 가방은 이쪽으로 주십시오. 감사합니다.
2갑판수	여기 있습니다. 기를 올리겠습니다.
도 선 사	Half ahead! 우현 !
3 항 사	Half ahead!
1갑판수	우현 10 !
1갑판수	우현 10, sir..!
선 장	도선사, 현재 최대 흘수는 8-00 미터이고 본선은 디젤엔진입니다. 여기 본선 제원이 나타나 있으니 참고하십시오.
도 선 사	감사합니다. 타 중앙 !
1갑판수	타 중앙 !
1갑판수	타 중앙, sir!
3 항 사	Half ahead, sir!
도 선 사	스테디 320 !
1갑판수	스테디 320 !
1갑판수	스테디 320 ! Sir !

Captain	Are we berthing directly at the Empire dock?
Pilot	Yes. Directly. When the tugboat comes, hold the towing line to the starboard bow and stern.
Captain	Will do.
Captain	3rd officer, All stand-by!
3rd Officer	All stand-by!
Captain	Fo'csle, poop, bridge. Do you read me?
Chief Officer	Bridge, Fo'csle. Can read you well.
2nd Officer	Bridge, poop. Can read you well.
Captain	Fo'csle, poop. Hold towing line of tugboat to starboard bow and stern!
Chief Officer	Fo'csle. Hold towing line to starboard bow!
2nd Officer	Poop. Hold towing line to stern!
Captain	Pilot, which pier bit comes to the bridge position?
Pilot Officer	8th bit from the front comes to the bridges center.
Captain	Poop, bridge. Keep reporting the distance of the ship behind when berthing.
2nd Officer	Poop. Roger.
Chief Officer	Bridge, Fo'csle. Held towing line to starboard bow, sir!
Captain	Bridge. Roger.
2nd Officer	Bridge, poop. Towing line held to stern, sir!
Captain	Bridge. Roger.
Pilot	Bow will hold head line, and stern hold line first.
Captain	Fo'csle, poop, Head line, stern line first.
Chief Officer	Fo'csle. Head line first!
2nd Officer	Poop. Stern line first!
2nd Officer	Bridge, poop. The stern just passed behind the ship.

선 장 바로 Empire dock로 접안하지요?

도선사 예, 바로 접안할 것입니다. 나중에 예인선이 오면 우현 선수와 선미에 예선의 토우잉 라인을 잡아 주십시오.

선 장 예, 알았습니다.

선 장 3항사, All stand-by !

3 항 사 All stand-by!

선 장 선수부서, 선미부서, 여기는 선교. 여기 감도는?

1 항 사 선교, 선수부서. 감도 양호합니다.

2 항 사 선교, 선미부서. 감도 양호합니다.

선 장 선수부서, 선미부서.
우현선수와 선미에 예선의 토우잉 라인을 잡으시오 !

1 항 사 선수부서. 예선의 토우잉 라인을 잡겠습니다 !

2 항 사 선미부서. 선미에 예선을 잡겠습니다 !

선 장 도선사, 저 부두의 어느 위치가 선교위치가 됩니까?

도선사 앞에서 8번째 비트가 선교 중앙위치가 될 것입니다.

선 장 선미부서, 선교.
접안시 뒷배와의 거리를 계속 보고하시오.

2 항 사 선미부서. 알겠습니다.

1 항 사 선교, 선미부서. 선미에 예선을 잡았습니다 !

선 장 선교, 알았오.

2 항 사 선교, 선미부서. 선미에 예선을 잡았습니다 !

선 장 선교 알았오.

도선사 선수는 Head line, 선미는 Stern line 먼저 잡으십시오.

선 장 선수부서, 선미부서, Head line, Stern line 먼저 잡으시오 !

1 항 사 선수부서. Head line 먼저 !

2 항 사 선미부서. Stern line 먼저 !

2 항 사 선교, 선미부서. 지금 선미가 막 뒷배를 통과했습니다.

Captain	Bridge. Roger.
Chief Officer	Bridge, Fo'csle. Sent head line down to line boat!
Captain	Fo'csle, bridge. Wind up head line and send spring line out!
Chief Officer	Fo'csle. Wind up bow line and send out spring line!
2nd Officer	Bridge, poop. Stern line is wound up, sir!
Captain	Poop, Slack stern line!
2nd Officer	Poop. Slack stern line!
Captain	Fo'csle, poop, Move ahead about 5m.
Chief Officer	Fo'csle. Forward 5 ms, Roger.
2nd Officer	Poop. Forward 5 ms. Roger. We are about 15 ms away from the back of the ship.
Captain	Bridge. Roger.
Chief Officer	Bridge, Fo'csle. Hold spring line!
Captain	Fo'csle, bridge. Slack spring line!
Chief Officer	Fo'csle. Slack spring line!
2nd Officer	Bridge, poop. Hold spring line!
Captain	Poop, bridge. Wind up spring!
2nd Officer	Poop. Wind up spring!
Captain	Fo'csle, bridge. Hold on spring!
Chief Officer	Fo'csle. Spring hold on!
Captain	Poop, bridge. Hold stern line!
2nd Officer	Poop. Stern line. Hold on!
Captain	Fo'csle, poop, In position! Make it fast here!
Chief Officer	Fo'csle. In position! Make fast here!
2nd Officer	Poop. In position! Make fast here!
Captain	Fo'csle, bridge. Hold line 3, 1, 1 and let go tugboat!
Chief Officer	Fo'csle. Hold line 3, 1, 1, let go tugboat!

선 장 선교. 알았다.

1 항 사 선교, 선수부서. Head line을 Line boat에 내려 주었습니다!

선 장 선수부서, 선교. Head line을 감고 Spring line을 내어 주시오!

1 항 사 선수부서, Bow line을 감고 Spring line을 내어 주겠습니다!

2 항 사 선교, 선미부서. Stern line을 잡았습니다!

선 장 선미부서, Stern line을 슬랙하시오!

2 항 사 선미부서. Stern line을 슬랙하겠습니다!

선 장 선수부서. 선미부서, 앞으로 약 5미터 전진합니다.

1 항 사 선수부서. 5m 전진, 알겠습니다.

2 항 사 선미부서. 5m 전진, 알겠습니다.
현재 선미의 선박과는 약 15m 떨어져 있습니다.

선 장 선교. 알았다.

1 항 사 선교, 선수부서. Spring line을 잡았습니다.

선 장 선수부서, 선교 Spring line을 슬랙하시오!

1 항 사 선수부서. Spring line을 슬랙하겠습니다!

2 항 사 선교, 선미부서. Spring line을 잡았습니다!

선 장 선미부서, 선교. Spring line을 감으시오!

2 항 사 선미부서. Spring을 감겠습니다!

선 장 선수부서, 선교. Spring을 Hold on하시오!

1 항 사 선수부서, Spring hold on!

선 장 선미부서 선교. Stern line을 hold on하시오!

2 항 사 선미부서, Stern line. Hold on!

선 장 선수부서, 선미부서, In position! 이 자리에 Make fast하시오!

1 항 사 선수부서, In position! 이 자리에 Make fast 하겠습니다!

2 항 사 선미부서. In position! 이 자리에 Make fast 하겠습니다!

선 장 선수부서, 선교 라인은 3, 1, 1로 잡고서 예선을 Let go하시오!

1 항 사 선수부서, 3, 1, 1으로 라인을 잡고 예선을 Let go하겠습니다.

Captain	Poop, bridge. Hold line 3, 1, 1, let go tugboat!
2nd Officer	Poop. Hold line 3, 1, 1, let go tugboat!
Pilot	Captain, everything is O.K. We're finished with engines.
Captain	Finished with engines! Thank you, pilot.
3rd Officer	Finished with engines!
Pilot	Will you sign this?
Captain	Certainly.
Chief Officer	Bridge, Fo'csle. All made fast, let go tugboat!
Captain	Bridge. Roger.
2nd Officer	Bridge, poop. All made fast let go tugboat.
Captain	Bridge. Roger. The Pilot is leaving. Get ready with gangway ladder.
2nd Officer	Poop. Ready with gangway ladder.
Pilot	Good - bye.
Captain	Good - bye. 3rd officer, lead his way.
3rd Officer	Yes, sir. This way, please. I'll take your bag.
Pilot	Thank you.
3rd Officer	Good - bye
Pilot	Have a good time in Singapore. Come again. Good - bye.

선　　장　선미부서, 선교. 3, 1, 1. 라인을 잡고 예선을 Let go하시오.

2 항 사　선미부서. 3, 1, 1. 라인을 잡고 예선을 Let go하겠습니다.

도선사　선장님, 모두 잘 되었네요. 기관 종료해도 되겠습니다.

선　　장　기관종료 ! 도선사, 수고하셨습니다.

3 항 사　기관종료 !

도선사　여기 사인 좀 해 주십시오.

선　　장　예

1 항 사　선교, 선미부서, 모두 Make fast하고 예선을 Let go했습니다.

선　　장　선교. 알았어요.

2 항 사　선교, 선미부서. 모두 Make fast하고 예선을 Let go했습니다.

선　　장　선교. 알았다.
도선사가 하선하니 현문사다리를 빨리 준비토록 하시오.

2 항 사　선미부서, 현문사다리를 준비하겠습니다.

도선사　자, 그럼 안녕히 계십시오.

선　　장　안녕히 가십시오. 3항사, 도선사 하선하시는 데 안내해 드려.

3 항 사　예, 이쪽으로 오십시오. 가방을 제가 들어 드리죠.

도선사　고맙습니다.

3 항 사　안녕히 가십시오.

도선사　싱가폴에서 즐거운 시간이 되시길 빕니다.
또 봅시다. 안녕.

Unit 05

Meeting with supervisor

Section 1. Conversation about port regulation(항만규칙 에 대한 논의)

Section 2. Conversation about loading plan No. 1(적화 계획의 논의 1)

Section 3. Conversation about loading plan No. 2(적화 계획의 논의2)

Section 4. Conversation about unloading(양화계획의 논의)

Section 1

Conversation about port regulation

Foreman Good morning. I am foreman Middleton from ABC stevedoring company. Who is Chief officer?

Chief Officer I am. Nice to meet you. Have a seat, please.

Foreman Thank you.

Chief Officer What would you like? We have beer and soft drinks.

Foreman Well, I'd like a soft drink because I have work to do.

Chief Officer How many gangs have you brought?

Foreman All 4 gangs. One for each hatch. Chief officer, can I see The cargo gear certificate?

Chief Officer Here you are.

Foreman Everything's O.K. As you know I'd like to tell you the port restriction again. None of the crew of this ship should open or close any hatch cover. And during the the cargo opera- tion, none of the crew of the ship must ever use cargo gear.

Chief Officer While the gangs are having lunch, can't we use the crane? Our provisions are to arrive around 12:00 hours.

Foreman Sorry, but it's not allowed, and you'd better not use it. In the night time, please arrange a cargo light for each hatch. We need a sufficient brightness.

Chief Officer O.K. Where's your office? Can I make a call to our agent?

Foreman Of course. You can use the phone any time. My office is at the corner of the warehouse across there. Shall we go together?

항만규칙에 대한 논의

포어맨 안녕하십니까? ABC 하역회사의 포어맨인 Middleton입니다. 어느 분이 1항사입니까?

1항사 제가 1항사 입니다. 반갑습니다. 여기 앉으시죠.

포어맨 고맙습니다.

1항사 무얼 좀 드시겠읍니까? 맥주나 음료수가 준비되어 있습니다.

포어맨 예, 하역 때문에 음료수를 들겠습니다.

1항사 몇 갱이나 올라왔습니까?

포어맨 전부 4갱입니다. 각 해치별로 1갱씩 작업하게 됩니다.
1항사님, 하역기기증서를 보여 주시겠습니까?

1항사 증서 여기 있습니다.

포어맨 예, 이상이 없군요. 알고 계시겠지만 이 항구의 규칙을 다시 한번 말씀드리겠습니다. 해치 커버를 본선 선원이 개폐하여서는 안됩니다. 그리고 하역작업 동안에는 본선 선원이 절대 하역기기를 사용하셔도 안됩니다.

1항사 인부들이 점심식사 시간 동안에는 크레인을 사용해도 되지 않습니까? 부식이 12:00시경 도착할 예정인데요.

포어맨 죄송하지만, 허락되지 않으니 삼가하시기 바랍니다. 야간에는 해치별로 작업등을 설치해 주시기 바랍니다.
조도는 충분하여야 합니다.

1항사 예, 알겠습니다. 사무실은 어디에 있습니까? 대리점에 전화를 할 수 있습니까?

포어맨 물론이지요. 전화는 언제라도 사용하여도 좋습니다. 사무실은 저쪽 건너편 창고의 모퉁이에 있습니다. 함께 가시겠습니까?

Chief Officer No. Not now. Later, maybe.

Thank you.

Foreman Well. I'll have a look at the deck. See you later.

1 항 사　　아닙니다. 나중에 가도록 하죠.
감사합니다.

포 어 맨　　그럼, 저도 갑판에 나가보아야겠습니다. 나중에 또 뵙죠.

Section 2

Conversation about loading plan No. 1

Supervisor In this voyage, we have 2,000 tons of steel H beam bound for Singapore. Chief officer, have any plans for loading?

Chief Officer It's for under deck transportation, isn't it?

Supervisor No, It's not possible. We have 4,000 tons of scrap there. So we have to load it on deck.

Chief Officer On deck loading in winter season? What if the lashing wire breaks and the load is scattered?

Supervisor I also worry about that, but I think we can do it by holding up stanchions at both sides and tighten it hard with wire rope using the turnbuckles.

Chief Officer We have to think of any possible accidents. If the sharp beam strikes the shell plate, even steel plate can't bear it. If possible, let's do it under deck.

Supervisor How about hatch #6 which has the least wave strike?

Chief Officer If on deck is our only choice, we have no alternative. In that case, we have to move the fuel oil of #6 double bottom tank to #1 F.O. tank

Supervisor We have optional cargo. 50 crates of glass sheet either for Bangkok or Singapore. To prevent mix-up which hatch is the best?

Chief Officer Since the stowage factor of glass sheet is 38, I think hatch #2 is the best. When columned with plywood, we can avoid any possible mislanding. Perhaps. 24 hours before our arrival at the first port, we can receive information on this option?

적화계획의 논의 1

감 독 이번 항해에 싱가폴행 강재 H형 빔이 2,000톤 있습니다. 1항사, 어떤 적화계획을 수립하고 있습니까?

1항사 갑판하로 수송하는 것이겠지요?

감 독 갑판하는 곤란합니다. 갑판하에는 고철 4,000톤이 있으므로, 갑판상에 적재해야 합니다.

1항사 동계절에 갑판적이라구요? 래싱 와이어라도 끊어져서 화물이 흩어지면 어쩌지요?

감 독 염려가 안 되는 것은 아닙니다만, 양쪽에 지주를 세우고 턴바클로 와이어 로프를 강하게 죄면 무리가 없을 겁니다.

1항사 만약을 생각하셔야지요. 끝이 예리한 빔이 선측을 치게 되면 철판인들 견뎌내겠습니까?

가능하면 창내적으로 하도록 합시다.

감 독 파도를 가장 적게 받는 6번 해치 위로 적재하면 어떻겠습니까?

1항사 어쩔 수 없이 갑판적을 해야할 입장이면 그 방법밖에 없군요. 그렇다면 6번 이중저 탱크의 연료유를 1번 이중저의 연료유탱크로 이송하여야 되겠군요.

감 독 양지선택화물이 있습니다. 방콕과 싱가폴 중 택일하게 되어 있는 판유리가 50상자 있습니다. 흔적이 안 될려면 어느 해치가 좋을까요?

1항사 판유리의 적화계수가 38이니까, 2번 해치가 좋겠군요.

합판과 구분을 지워서 적재하면 양지착오의 가능성은 거의 없을 겁니다. 아마 첫 항구 도착 24시간 전까지 양지선택의 통지가 오는 걸로 되어 있지요?

Supervisor No. That's not correct. We have 48 hours and have more than enough time enough for. We have valuable cargo of perfume in a couple of boxes risking pilferage. So we need special care for storage.

Chief Officer We have no room in #2 locker, and we have to make a temporary locker on the upper twin deck for storage.

Supervisor Then, we need a carpenter.
Shall I send one this afternoon?

Chief Officer Thank you. The carpenter for the last voyage had a bad temper, causing many problems for the supervisor. This time, please send one with a better a temper.

Supervisor Sure.

감 독　　아닙니다. 48시간으로 되어 있으니 좀더 여유가 있겠지요. 고가품인 향수가 몇 상자가 있는데 좀도둑질 당할 위험이 있으니까, 특별히 보관을 요합니다.

1항사　　2번 창고에는 여유가 없으니까, 2번 상갑판에 임시 창고를 만들어서 보관을 하도록 하지요.

감 독　　그럼 목수를 수배하여야 되겠군요.
오늘 오후에 보내드릴까요?

1항사　　그렇게 해 주시죠. 전번 항해 때의 목수는 성격이 고약하여 일을 시키는데 불편이 많았으니, 이번에는 착실한 사람을 보내주시기 바랍니다.

감 독　　알겠습니다.

Section 3

Conversation about loading plan No. 2

Foreman Chief officer, can I see the stowage plan for the ship?

Chief Officer Here you are. We marked discharging ports in different colors. In this port, we have 2,000 tons of iron pipe for hatch #1, 1,200 tons of rail on hatch #3, and 10 drilling machines and 6 spinning mills on hatch #4.

Foreman There's some difference with the plan drawn by the agent. According to this, spinning mills should be moved from hatch #4 to #1.

Chief Officer Is that true? Let me see. If we move to #1, we have to trim by the head at departure. And if we move the mills to #1, we can't load other cargo on it to have broken space. Why move the mills to #1?

Foreman Because 2 removal cargos are additionally booked for hatch #4.

Chief Officer Then, we have no trim problems, but how do we lessen the broken space?

Foreman How about assembling block using dunnage?

Chief Officer That maybe possible unless there is a heavy weight on it. What's the cargo to load at the next port?

Foreman Let me see. It's furniture. Well, it's not too heavy, and might be possible?

Chief Officer I think so, too. Well, O.K. Let's do it as the agent's planed. After calculating the trim, let's make the final decision.

적화계획의 논의 2

포어맨　1항사, 본선 적부계획도를 보여주시겠습니까?

1항사　여기 있습니다. 양지별로 색깔을 구별해 놓았습니다. 이 항구에서 실어야 할 화물은 1번 해치에 철제파이프 2,000톤이며, 3번 해치에 레일 1,200톤, 그리고 4번 해치에 시추기 10대와 방적기 6대 입니다.

포어맨　대리점에서 작성한 적부계획도와 약간 차이가 있군요. 4번 해치의 방적기를 1번으로 옮기는 것으로 되어 있는데요.

1항사 :　그래요? 어디 봅시다. 1번 해치로 옮기게 되면, 출항시 선미트림이 되겠는데요. 그리고 방적기를 1번으로 옮기면, 그 위에 다른 물건을 싣지 못하게 되어 Broken space를 갖게 됩니다. 왜 방적기를 1번 해치에 옮기려고 하는가요?

포어맨　4번 해치에는 추가로 예약한 이삿짐 2개를 실으려고 하기 때문입니다.

1항사　그러면 트림에는 문제가 없겠습니다만, Broken space를 어떻게 줄일 수 있을까요?

포어맨　Dunnage를 사용하여 구획을 짜면 어떨까요?

1항사　그 위에 무거운 짐을 놓지만 않는다면 가능하겠지요. 다음 항구에서 그 위에 실을 짐이 무엇인가요?

포어맨　어디 봅시다. 가구로 되어 있군요. 가구 같으면 그렇게 무겁지 않으니까 가능하지 않겠습니다?

1항사　저도 그렇게 생각합니다. 좋습니다. 대리점에서 계획한 대로 하여, 트림계산을 해 보고 난 후 최종 결정하도록 합시다.

Section 4

Conversation about unloading

Foreman How much cargo for discharge at Singapore?

Chief Officer Let's have a look at stowage plan. 1,000 tons of crude rudder on hatch #1, 100 boxes of earthenware on hatch #2, and 1,300 tons of paper on hatch #3.

Foreman Since the discharging rate of this port is 500 tons per day, we need about 5 days. You have to arrange a gang at least 4 hours in advance. Even in case of work stoppage due to such things as rain, you have to pay on stand-by time. 2 gangs are ready, where shall we start?

Chief Officer First, let's start with hatches #1 and #3. Particularly, when discharging crude rudder from hatch #1, we have to mark it from the same cargo to be discharged at Karachi, Pakistan. And the earthenware on hatch #2 is fragile, so we need special care.

Foreman Understood. I'll give notice to the workers.

Chief Officer The water is shallow at this pier, and if we have excessive trim at the time of discharge start, we may risk bottom touch. So, if possible, please keep the hull an even keel.

Chief Officer Soon we will have high tide and no problem. How is the crane condition? What's the safety working load?

Foreman It's 10 tons. The hoist of crane #2 is a little bad, but you can use cranes #1 and #3 in turns. Except for workers, nobody is allowed to get on board or have access to inside the hatch. We can't be responsible for their safety.

Chief Officer Very well. I understand.

양화계획의 논의

포어맨 싱가폴에서 양화할 짐이 얼마나 됩니까?

1항사 적부계획도를 보시죠. 1번 해치에 생고무 1,000톤, 2번 해치에 도기 100상자, 3번 해치에 종이 1,300톤 입니다.

포어맨 이 항구의 하역능률은 일당 500톤이니 약 5일이 걸리겠군요. 하역인부의 수배는 적어도 4시간 전에 하셔야 합니다. 비 등이 와서 작업을 하지 못하더라도 대기시간에 대한 인부노임을 지급하셔야만 합니다. 2갱이 수배되었습니다만, 어느 해치부터 작업을 시작할까요?

1항사 먼저 1번과 3번 해치부터 시작하지요. 특히 1번 해치의 생고무를 양화할 때, 파키스탄 카라치항에서 양화할 생고무와 구별해서 양화하시기 바랍니다. 2번 해치의 도기는 깨어지기 쉬운 물건이므로 양화시 특히 주의를 요합니다.

포어맨 알겠습니다. 인부들에게 주의를 주겠습니다.

1항사 그리고 부두의 수심이 얕기 때문에, 양화시작 시점에서 Trim이 지나치게 생기게 되면 선체 접촉의 위험이 있으니까, 가능하면 선체를 이븐킬(수평상태) 상태로 유지시켜 주시기 바랍니다.

1항사 곧 만조가 되면 지장이 없겠지요. 본선 크레인의 상태는 어떻습니까? 안전하중은 얼마인가요?

포어맨 안전하중은 10톤입니다. 그러나 2번 크레인의 감아올리는 상태가 약간 불량하기 때문에 1번과 3번 크레인으로 교대로 사용할 수가 있습니다. 하역업자 외의 다른 사람은 본선에 승선하거나 해치 내에 출입하여서는 안됩니다. 인명안전에 책임을 질 수 없기 때문입니다.

1항사 잘 알겠습니다.

Unit 06

Cargo operation

Section 1. On loading(적화)

Section 2. On discharge at Singapore(싱가폴에서의 양화작업)

Section 1

On loading

This vessel is loading at Los Angeles 300 tons of Coca Cola, 400 tons of Pepsi Cola, 400 tons of Canned Beer, 40 containers of electronics (1200tons), 300 tons of Whisky, 300 tons of Orange, and 400 tons of Scrap in drums. In the morning, foreman pays a visit to chief officer. It looks like something is changed to stowage plan.

Chief Officer Who's there?

Foreman It's foreman, Baker.

Chief Officer Oh, Mr. Baker. Good morning. Come on in.

Foreman Good morning. Did you have a good sleep?

Chief Officer Yes. A real good sleep. Have a seat, please. Now, how can I help you?

Foreman I'd like to talk about changes in the loading plan.

Chief Officer All right.

Foreman I'd like to transfer the container to the other hold which is now loaded in hold No. 3.

Chief Officer Any particular reason?

Foreman All containers in the warehouse are all loaded now. The remaining containers are to arrive after 4 to 5 hours. So I'd like to load scrap in hold No. 3 first and the others in another hold.

Chief Officer Well, let me see...you mean to transfer scrap from hold No. 4 to No. 3 and load remainders of containers in No. 4. Since the discharge is made at the same port, it doesn't look like many problems...but there is some problems with the other cargo. But,

적화

This vessel is loading at Los Angeles 300 tons of Coca Cola, 400 tons of Pepsi Cola, 400 tons of Canned Beer, 40 containers of electronics (1200tons), 300 tons of Whisky, 300 tons of Orange, and 400 tons of Scrap in drum. In the morning, foreman pays a visit to chief officer. It looks like something is changed to stowage plan.

1 항 사 누구세요?

포 어 맨 저는 포어맨 Baker입니다.

1 항 사 아, Baker씨 안녕하세요? 들어오세요.

포 어 맨 안녕하십니까? 잘 잤습니까?

1 항 사 예, 아주 잘 잤습니다
앉으시죠, 무슨 일이죠?

포 어 맨 예, 적재변경에 대해서 논의하고 싶습니다.

1 항 사 좋습니다.

포 어 맨 3번 선창에 지금 싣고 있는 컨테이너를 다른 선창으로 옮겼으면 합니다.

1 항 사 무슨 특별한 이유라도 있습니까?

포 어 맨 지금 창고에 있는 컨테이너는 다 실었습니다. 나머지 컨테이너는 4~5시간 후에나 도착될 예정입니다. 그래서 고철을 3번 선창에 먼저 싣고 나머지 컨테이너는 다른 선창에 싣고 싶습니다.

1 항 사 홈, 4번 선창에 싣게 되어 있는 고철을 3번으로 옮기고 일부 나머지 컨테이너를 4번 선창에 싣는다. 양화항이 같고 단일 항구이니 그다지 문제점은 없겠는데…
그러면 다른 화물과의 문제라, 이것도 별 문제성이 없습니다. 래싱 관계,

it's a little problem, though. If there is no problem of lashing, with the lashing the container that is, it'll be all right. I'll take a look myself.

Foreman I'll come with you.

Chief Officer I'll check it after lashing is completed.

Foreman It takes about 30 to 40 minutes. Let's check it again later.

Chief Officer I'll go back to my office.

Quarter Sir, here comes the surveyor.

Master Chief Thank you. Please come in. How are you sir? I am the chief officer.

Surveyor I am the surveyor. Sir, you are loading 100 tons of oranges in the refrigerator room?

Chief Officer Yes. When you are ready, I'll take you there.

Quarter Master Thank you. I'll change. Now, I'm ready.

Chief Officer Before we enter the hold, we'd better check the temperature of refrigerator room.

Surveyor Good. Is this the record of temperatures for 24 hours?

Chief Officer Yes. That's right. This is an electric thermometer, It's now 5°C which indicates inside temperature of hold.

Surveyor Good. Shall we go inside the hold? What did you load here before?

Chief Officer We loaded general cargo like baggage. But we deodorized it and now it has no smell.

Surveyor You are right. But, sir, you have some sediments of cargo in this gutter way.

Chief Officer We'll take care of that right away.

Chief Officer Good weather?

Surveyor Have you landed?

즉 컨테이너의 래싱만 지장이 없다면 괜찮습니다. 제가 검사해 보겠습니다.

포어맨　그럼 같이 가 봅시다.

1항사　래싱이 끝난 후 다시 검사하겠습니다.

포어맨　약 30~40분 걸리겠습니다. 그때 다시 검사 확인해 봅시다.

1항사　나는 먼저 올라가겠습니다.

갑판수　1항사님, 검사원이 왔습니다.

1항사　수고하였어요. 들어오세요.

안녕하십니까? 나는 1항사 입니다.

검사원　나는 검사원입니다.

1항사님, 냉장실에 오렌지 100톤을 싣지요?

1항사　그렇습니다. 준비를 다 하시면 곧 안내하여 드리겠습니다.

갑판수　고맙습니다. 작업복으로 갈아 입겠습니다. 준비되었습니다.

1항사　우리가 선창에 들어가기 전에 냉장실의 온도를 확인하는 것이 좋겠습니다.

검사원　좋습니다. 이것이 24시간 전부터의 온도 기록입니까?

1항사　예, 그렇습니다. 여기에 전기온도계가 있습니다. 지금은 온도 5°C인데 이것은 선창 내의 온도를 나타내고 있습니다.

검사원　좋습니다. 그러면 선창에 들어갑시다. 이 선창에는 전에 어떤 것을 실었습니까?

1항사　일반화물로 포대화물을 좀 실었습니다. 그러나 탈취하였으므로 냄새가 전혀 없습니다.

검사원　없군요. 그러나 1항사님 배수로에 화물 찌거기가 남아 있군요.

1항사　곧 청소하겠습니다.

1항사　날씨가 참 좋군요.

검사원　상륙은 하였습니까?

Chief Officer	No. Not yet.
Surveyor	Here, Los Angeles, you have many Koreans.
Chief Officer	Yes. I know.
Surveyor	This is the surveyor's report.
Chief Officer	Thank you. Would you like some coffee?
Surveyor	No. Thank you. When do you finish loading?
Chief Officer	Tomorrow morning.
Surveyor	Then, I'll come again tomorrow morning Good-bye.
Chief Officer	Good-bye.
Foreman	Sir, the lashing is finished.
Chief Officer	Good! Let's go check it.
Foreman	How do you like it, sir?
Chief Officer	Well done. Now, we can load the scrap.
Foreman	Sir, we have trouble with crane #2 and it can't load the cargo
Chief Officer	What? Trouble? At strange. The power out? No. 3 Crane is still working. Mr. Baker, as long as there is no work in No. 1 hold, go ahead with crane No. 1.
Foreman	All right, but when will you fix it? After one hour, we have to work hold #1.
Chief Officer	I'm not sure, but I'll talk with duty engineer and have it repaired as soon as possible.
Foreman	If possible, please do it in an hour. When, we'll continue working on hold #2 with crane #1.
Chief Officer	Hello, is there a duty engineer? This is the chief officer.
Engineer	Duty engineer speaking. What is it, sir?
Chief Officer	You'd better go and see to crane #2. It's broken.
Engineer	It seems overloaded. The overload has been tripped.

1 항 사	아니오. 아직.
검 사 원	이곳 로스앤젤레스에는 한국 사람들이 많이 살지요.
1 항 사	예.
검 사 원	이것은 검사원 보고서입니다.
1 항 사	고맙습니다. 커피 한 잔 하시겠습니까?
검 사 원	아뇨, 됐습니다. 언제 하역이 끝나지요?
1 항 사	내일 아침이 되겠습니다.
포 어 맨	그럼 내일 아침 다시 오겠습니다. 안녕히 계세요.
1 항 사	안녕히 가십시오.
포 어 맨	1항사님 래싱이 끝났습니다.
1 항 사	수고하셨습니다. 같이 가 봅시다.
포 어 맨	어떻습니까?
1 항 사	잘 되었습니다. 고철을 실어도 되겠습니다.
포 어 맨	1항사님, 2번 크레인이 고장이 나서 2번 하역작업을 할 수 없습니다.
1 항 사	뭐라고요, 고장이라고요? 흠, 이상하다. 전기가 나갔나? 아니지 3번 크레인은 작동 중인데, Baker씨 마침 1번 선창에서는 작업을 하지 않고 있으니 1번 크레인으로 작업을 계속 하지요.
포 어 맨	그렇게 하겠습니다만, 언제쯤 고치게 됩니까? 앞으로 1시간 후에 1번 선창 작업을 해야 되니까요.
1 항 사	확실히 알 수 없지만 당직 기관사와 상의하여 빨리 고치도록 하겠습니다.
포 어 맨	가능하다면 1시간 이내로 고쳐 주시오. 그러면 1번 크레인으로 2번 선창작업을 계속하겠습니다.
1 항 사	여보세요, 당직기관사 있습니까? 나는 1항사입니다.
기 관 사	당직기관사입니다. 무슨 일입니까?
1 항 사	2번 크레인에 가 봐야 되겠습니다. 고장이 났다는데.
기 관 사	너무 무거운 짐을 달은 모양입니다. 과부하로 트립 되었습니다.

Chief Officer It did. How much did you load?

Engineer This crane has a load limit of 10 tons.

Foreman We didn't load that much. We loaded 10 pallets of Coca Cola. It's barely 6 tons.

Chief Officer That's strange. Any other problem?

Engineer No problem, sir. Just 10 minutes for repair.

Chief Officer We can repair it within an hour.

Foreman Good.

Duty Officer Sir, a stevedore loading scrap at hold #3 injured his left leg.

Chief Officer What? Is it serious?

Duty Officer He's bleeding, but it doesn't seem serious.

Chief Officer How did it happen?

Duty Officer While unloading cargo from the hook, his left leg was stuck under the scrap drum as result the crane operator's mistake. Maybe he missed the signal with the gang boss.

Chief Officer O.K. Let's go to the deck.

Foreman Egads! What a mess!

Chief Officer What it happen?

Foreman The crane is the problem. It doesn't work in the emergency operation. The problem lies in the hoist-slack handle.

Chief Officer Are you sure? That's impossible. We checked everything before we started work. According to the duty officer, maybe it's the signal failure between gang boss and the crane operator.

P & I Surveyor Please lead me to the captain's room.

Quarter Master Where are you from, sir?

P & I Surveyor I'm the surveyor from P & I.

1 항 사	그래요. 얼마씩 달았습니까.
기 관 사	크레인의 제한하중은 10톤입니다.
포 어 맨	그렇게 많이 달지 않았습니다. 코카콜라 10팔렛씩 달았습니다. 10팔렛의 무게는 겨우 6톤 정도입니다.
1 항 사	흠, 이상하다. 다른데 이상은 없어요?
포 어 맨	없습니다. 수리하는데 10분 정도면 되겠습니다.
1 항 사	1시간 이전에 고칠 수 있습니다.
포 어 맨	좋아요.
당 직 자	1항사님, 3번 선창에서 고철하역작업을 하던 작업원 한 사람이 왼쪽 다리를 다쳤습니다.
1 항 사	뭐라고? 많이 다쳤나?
당 직 자	피는 나는데 많이 다치지는 않은 것 같습니다.
1 항 사	어떻게 하다가 다쳤는가?
당 직 자	예, 카고 훅에 걸린 짐을 바닥에 내리다가 크레인 조종사의 실수로 왼쪽 다리가 고철 드럼통에 깔렸습니다. 갱 보스와 신호가 맞지 않은 모양입니다.
1 항 사	그래 갑판에 나가보자.
포 어 맨	제기랄, 이게 무슨 일이람 !
1 항 사	어떻게 된 일이요?
포 어 맨	크레인이 나쁩니다. 비상작동도 되지 않고요. Hoist-slack handle이 잘 안 되는 것 같아요.
1 항 사	뭐요? 절대로 그런 일이 없습니다. 작업하기 전에 전부 체크하였습니다. 당직자에 따르면 갱 보스와 크레인 조종사가 신호가 맞지 않았던 모양입니다.
검 사 원	선장방으로 안내하여 주시오.
갑 판 수	예, 누구시죠.
검 사 원	검사원입니다.

Quarter Master	Follow me, please.
Quarter Master	Captain, a surveyor wants to see you.
Captain	How are you? come on in, please.
P & I Surveyor	How do you do, sir? I am the surveyor from P & I.
Captain	Please, Have a seat.
P & I Surveyor	I heard a stevedore was injured while working on the cargo for this ship and I came here for inspection.
Captain	About that matter, you'd better talk with the chief officer. chief!
Chief Officer	Captain, do you want me, sir?
Captain	Yes, The surveyor from P & I came here concerning the worker's injury.
Chief Officer	I see, How are you, sir? I am the chief officer.
P & I Surveyor	How are you? I am the surveyor from P & I in charge of this vessel. When did the accident happened?
Chief Officer	It happened around 12:30.
P & I Surveyor	Would you tell me how it happened?
Chief Officer	According to the deck duty officer, while loading a scrap drum at hold #3, the gang boss and crane operator got the signal across, and as the operator loosened the cargo wire, the left leg of the injured man was stuck under the drum.
P & I Surveyor	What's the name of the injured person?
Chief Officer	His name is John H. Smith.
P & I Surveyor	Left leg is injured. Well. How was the operation condition of the crane at the time of the accident?
Chief Officer	We checked and recorded the operation condition before loading the work. It was in good condition.
P & I Surveyor	May I see the record?

갑 판 수 나를 따라오시오.

갑 판 수 선장님, 검사원이 왔습니다.

선 장 안녕하십니까? 어서 오세요.

검 사 원 안녕하십니까? 나는 팬디 검사원입니다.

선 장 앉으시죠.

검 사 원 본선에서 하역작업 중에 육상 작업원 한 사람이 부상을 입었다고 들었는데 그것을 조사하러 왔습니다.

선 장 그것이라면 1항사와 이야기 하셨으면 합니다.

1 항 사 선장님, 부르셨습니까?

선 장 음, 작업원 부상관계로 팬디 검사원이 왔는데.

1 항 사 예, 알았습니다. 안녕하십니까? 나는 1항사입니다.

검 사 원 예, 안녕하십니까. 나는 본선측 팬디 검사원입니다. 작업원 부상 사고가 언제 일어났습니까?

1 항 사 12시 30분경 입니다.

검 사 원 어떻게 일어났는지 그 상황을 설명하여 주실까요?

1 항 사 갑판당직자의 말에 의하면 3번 선창에서 고철드럼을 싣고 있던 중 갱보스와 크레인 조종사와의 신호가 틀려서 크레인 조종사가 카고 와이어를 늦추는 바람에 왼쪽 다리가 드럼에 깔려 부상을 입었답니다.

검 사 원 부상자의 이름은요?

1 항 사 John H. Smith입니다.

검 사 원 왼쪽 다리가 다쳤다. 좋습니다. 그때 크레인의 운전상태는 어떠했습니까?

1 항 사 하역 시작 전에 작동상태를 검사하고 기록하였습니다. 그때 양호하였습니다.

검 사 원 그 기록을 볼까요?

Chief Officer Here you are.

P & I Surveyor So the accident is due to the mistake of the gang boss and the crane operator.

Chief Officer That's right.

P & I Surveyor And I'd like to meet any eyewitness's of the accident...

Chief Officer All right.

P & I Surveyor Would you tell us the situation just like as you saw it?

Duty Officer Yes.

P & I Surveyor Good. I'd like to see the site.

Chief Officer Sure. Let me show you.

P & I Surveyor I'd like to leave now.

Chief Officer Good-bye.

Surveyor Good morning. I am the cargo surveyor.

Chief Officer Good morning. Please sit down.
Would you like a cup of coffee?

Surveyor Thank you.

Chief Officer The Cola boxes in hold #1 fell to the ground and broke It happened on the way to Singapore from Los Angeles when we met heavy weather.

Surveyor Did you complete a note of protest?

Chief Officer Sure. This is the copy.

Surveyor For details, I'd like to see the logbook.

Chief Officer Sure. Here you are.

Chief Officer This is polaroid photo of the scene.

Surveyor Any other damages?

Chief Officer Some cargo fell to the ground in the other holds but no contents with damages.

1 항 사	여기 있습니다.
1 항 사	그러면 사고는 갱 보스와 크레인 조종사의 부주의로 인한 것이군요.
1 항 사	그렇습니다.
검 사 원	그리고 그때 상황을 직접 목격한 증인을 만나고 싶습니다만.
1 항 사	좋습니다.
검 사 원	당신이 직접 본 상황을 그대로 설명해 주시겠어요?
당 직 자	예.
검 사 원	좋습니다. 현장을 보고 싶습니다만.
1 항 사	예, 같이 가지요.
검 사 원	저는 이만 가 보겠습니다.
1 항 사	안녕히 가십시오.
검 사 원	안녕하십니까? 나는 화물검사원입니다.
1 항 사	예, 안녕하십니까. 앉으세요. 커피 한 잔 하시겠습니까?
검 사 원	예, 고맙습니다.
1 항 사	1번 선창에 들어 있는 콜라상자가 넘어져서 파손이 되었습니다. 그 파손은 로스앤젤레스 출항 후 싱가폴로 오는 도중에 황천을 만나 상자가 넘어져서 일어난 것입니다.
검 사 원	해난보고는 내었습니까?
1 항 사	예, 이것이 그 사본입니다.
검 사 원	상세에 대하여 항해일지를 보고 싶은데요.
1 항 사	그러세요. 여기 있습니다.
1 항 사	이것이 폴라로이드카메라로 찍은 사진입니다.
검 사 원	다른 파손은 없었습니까?
1 항 사	다른 선창에도 넘어진 화물들이 있지만 내용물에는 이상 이 별로 없습니다.

Surveyor I'd like to see the cargo myself. Any leakage in the hatch cover?

Chief Officer Not at all.

Surveyor You see, that Cola box is wet.

Chief Officer Oh, that's wet with sweat, not water.

Surveyor Will you show me the cargo care system record at your office?

Chief Officer Sure.

Unloading starts. Not long after it started, pilferage was experienced. Discovering it, the 3rd mate tells it to foreman.

3rd Mate Foreman, I heard from the deck hand there is pilferage in hold #5. I am going there. Will you come with me?

Foreman Sure. Maybe it happened at another port.

3rd Mate What are you talking about? Singapore is our first and last port for discharge.

Foreman Anyway, let's go.

3rd Mate When I checked minutes ago, everything was O.K.

Foreman What's the loss

3rd Mate Whisky. These guys sure did it. You can see these empty bottles and some men are drunk.

Foreman Egads!

3rd Mate I'll write stevedore the damage report later. You are supposed to sign it.

Foreman I will.

3rd Mate I'll report to the chief officer.

검사원　선창을 직접 보겠습니다. 해치 커버는 물이 새지 않습니까?

1항사　아니오. 절대 안 샙니다.

검사원　저기 콜라상자가 젖어 있는데요?

1항사　아, 그것은 땀에 의한 것입니다.

검사원　카고 케어의 운전기록도 사무실에서 봅시다.

1항사　예, 좋습니다.

3항사　포어맨, 5번 선창의 트윈테그에서 좀도둑이 있었다고 갑판원으로부터 들었습니다. 지금 가려고 하는 중 입니다. 같이 갑시다.

포어맨　물론 가지요. 아마 다른 항구에서 일어났다고 생각합니다.

3항사　뭐라고요.
이 싱가폴이 첫째 양화항이자 마지막 항입니다.

포어맨　아무튼 가 봅시다.

3항사　조금 전에 내가 확인할 때는 이상이 없었습니다.

포어맨　내용이 무엇입니까?

3항사　위스키입니다. 이 친구들이 하였음에 틀림없습니다. 여기 저기에 빈병이 보이고 몇 명은 술 취해 있군요.

포어맨　제기랄 !

3항사　나중에 Stevedore damage report를 만들겠습니다.
거기에 서명하세요.

포어맨　그렇게 하지요.

3항사　이것을 1항사에게 말하겠습니다.

Section 2

ON DISCHARGE AT SINGAPORE

Foreman	Good morning. chief officer. I am foreman Chi.
Chief Officer	Good morning. I am the chief officer. Nice to see you.
Checker	How are you, sir? I am the chief checker.
Chief Officer	Pleased to meet you. Have a seat, please.
Foreman & Checker	Thank you.
Chief Officer	Would you like cold drink?
Foreman	Thank you, but I'd like to have coffee.
Chief Officer	Sure. What would you like to drink?
Checker	Coca-Cola, please.
Chief Officer	Very well. Will you bring one coffee and two cokes?
Boy	Yes, sir.
Chief Officer	Seems it's rainy season in Singapore?
Checker	You are right. We have frequent rainfalls now because it's the rainy season. Because of the rainfalls, work is often stopped, but we feel better because it's not hot.
Chief Officer	I see. Wouldn't it be very hot without rain.
Foreman	You bet. Without rain, it's very hot. Did you enjoy good, weather in L.A.?
Chief Officer	Sure. Great weather. It's neither cold nor hot, in fact, moreover, it's absolutely no rain now. Maybe, L.A. is the best place to be in the States.
Chief Officer	Help yourselves, please.
Foreman & Checker	Thank you.

싱가폴에서의 양화작업

포 어 맨　안녕하세요? 1항사님, 저는 포어맨 "Chi"라고 합니다.

1 항 사　안녕하세요? 포어맨 제가 1항사입니다. 만나서 반갑습니다.

체　카　안녕하세요, 포어맨 제가 1항사입니다. 만나서 반갑습니다.

1 항 사　만나서 반갑습니다. 자, 앉으시지요.

포어맨&체카　감사합니다.

1 항 사　뭐 시원한 것을 좀 들겠습니까?

포 어 맨　괜찮으시다면 저는 커피를 들겠습니다.

1 항 사　물론이지요. 무엇을 드시겠습니까?

체　카　저는 코카콜라를 들겠습니다.

1 항 사　예, 알겠습니다. 커피 한 잔과 콜라 두 잔만 가져다 주시오.

보　이　예, 잘 알겠습니다.

1 항 사　요즘 싱가폴이 우기철인가 보지요?

체　카　예, 맞습니다. 요즘엔 우기철이라서 비가 자주 오는 편입니다. 비가 자주오니까 작업이 종종 중단되기는 하지만 덥지가 않아서 참 좋습니다.

1 항 사　그렇겠군요. 비가 안 오면 무척 덥겠지요?

포 어 맨　그럼요. 비만 안 오면 무척 덥습니다.
L.A는 날씨가 무척 좋았지요?

1 항 사　예, 굉장히 좋았습니다.
요즘엔 춥거나 덥지도 않고 더구나 비는 전혀 안 옵니다. 아마도 L.A는 미국에서 가장 기후가 좋은 곳이지요?

1 항 사　자, 드시지요.

포어맨&체카　감사합니다.

Chief Officer Did you say it will rain this afternoon, too?

Foreman No. According to the weather forecast, it's going to clear up this afternoon. I think we can resume our work around 14:00 hours.

Chief Officer Good. What about tomorrow?

Foreman They say we have no rainfall from this afternoon till tomorrow, only cloudy skies. But the forecast is only the forecast and we should wait and see.

Chief Officer I hope we will have no rain tomorrow. Here, you have documents from the loading port. This is the stowage plan and this is the damage report. And this is for the checker.

Checker Thank you. Did you have much damage cargo at the loading port?

Chief Officer Not too much, except some broken cases and a few steel coils got rusted.

Checker I see.

Foreman I've arranged 2 gangs at 1400 hours. If the rain stops, we'll start from the rear of No. 2 hold and the front of No.4 hold. Would you prepare for it?

Chief Officer Sure. We'll arrange it.

Foreman Well, chief officer, see you again this afternoon.

Checker You have a checker room downstairs?

Chief Officer Right. Go down this stairway and turn to the left and you'll find it.

Checker I see. Thank you.

Chief Officer Bye. See you this afternoon.

Checker & Foreman Bye, sir. See you then.

1 항 사 오후에도 비가 온다고 했습니까?

포어맨 아닙니다. 일기예보에 의하면 오후부터는 개인다고 했습니다. 아마도 14:00부터는 작업을 시작할 수 있으리라 생각합니다.

1 항 사 다행이로군요. 내일 예보는 어떻습니까?

포어맨 예보에 의하면 오늘 오후부터 내일까지는 비는 오지 않고 구름만 낀다고 했습니다.

그러나 예보는 어디까지나 예보니까. 두고 봐야 알겠지요.

1 항 사 그렇겠지요. 내일도 비가 안 왔으면 좋을 텐데요. 자, 선적항에서의 서류는 여기 있습니다. 이것은 적부계획도 입니다. 이것은 Damage report입니다. 그리고 이것은 체카용 서류입니다.

체 카 감사합니다. 선적항에서 화물손상이 많았습니까?

1 항 사 아닙니다. 상자 부서진 것이 몇 개있으며, 스틸 코일 중 발청된 것이 약간 있었습니다.

체 카 알겠습니다.

포어맨 일단 1400에 2갱을 수배해 두었습니다. 만일 비가 그 치면 2번 선창 뒤쪽과 4번 선창 앞쪽에서 양화작업을 시작 할 예정이니 준비 부탁합니다.

1 항 사 예, 잘 알겠습니다. 그렇게 준비하겠습니다.

포어맨 그럼 1항사님, 오후에 다시 오겠습니다.

체 카 1항사님, 체카 룸은 아래층에 있겠지요?

1 항 사 예, 맞습니다. 이쪽 계단을 내려가셔서 왼쪽으로 돌아가면 체카 룸이 있습니다.

체 카 예, 알겠습니다. 감사합니다.

1 항 사 안녕히 가세요. 오후에 만납시다.

체카&포어맨 예, 오후에 봅시다.

Unit 07

Supply for ship

Situation 1. Conversation made by VHF radio telephone(VHF 무선통신에 사용하는 대화)

Situation 2.

Section 1

Conversation made by VHF radio telophone

One foggy day, around 10 in the morning, the Korean Trader with Korean nationality bound to Karachi via the Singapore strait is waiting outside Singapore for a rendezvous with the supply boat Wha hong for shipping supplies, spare parts and other necessities.

Korean Trader	Supply boat, supply boat. This is Korean Trader over.
Wha Hong	Korean Trader, Korean Trader, this is supply boat Wha Hong. Please change to channel 10 over.
Korean Trader	Wha hong, this is Korean Trader. Changing to channel 10 over.
Wha Hong	Korean Trader. What is your position now? Because of fog, we can't see you.
Korean Trader	We are waiting at the rendezvous point as confirmed to you by cable.
Wha Hong	So you are there. I departed about 20 minutes ago and am proceeding towards you.
Korean Trader	When can you reach us?
Wha Hong	We almost did. Due to the ships around you we can't find you. Please sound the whistle.
Korean Trader	Roger. I will sound 3 prolonged blasts.
Wha Hong	We heard your whistle in the direction of our bow. We can find you within a minute.
Wha Hong	Korean Trader, Korean Trader, this is Wha Hong over
Korean Trader	Wha Hong this is Korean Trader. Go ahead.

VHF 무선통신에 사용하는 대화

안개 낀 어느날 오전 10시경 싱가폴 해협을 통과하여 카라치로 항해 중인 한국선적의 화물선 코리안 트레이더호가 부식 및 수리부품과 기타 선용품을 선적하기 위하여 보급선인 와홍호를 만나기 위해 외항에 대기하고 있다.

본 선 보급선, 보급선 ! 여기는 코리안 트레이더입니다. 오버.

와 홍 코리안 트레이더, 코리안 트레이더, 여기는 보급선 와홍호입니다. 채널 10번으로 변경하십시오. 오버.

본 선 와홍, 여기는 코리안 트레이더, 채널 10번으로 변경합니다. 오버.

와 홍 코리안 트레이더, 현재 귀선의 위치는 어디입니까?
안개 때문에 귀선이 전혀 보이지 않습니다.

본 선 본선은 귀선과 전보로 약속한 랑데부 포인트에서 기다리고 있습니다.

와 홍 예, 그렇습니까?
저희들은 약 20분에 출발해서 기다리고 있습니다.

본 선 본선에는 언제 도착할 수 있습니까?

와 홍 거의 도착했습니다. 귀선 주위의 선박들 때문에 귀선을 확인할 수가 없군요. 기적을 울려 주십시오.

본 선 잘 알았습니다. 기적을 장음 3회 울리겠습니다.

와 홍 본선의 선수방향에서 귀선의 기적소리가 들렸습니다. 잠시 후면 식별할 수 있을 것 같습니다.

와 홍 코리안 트레이더, 코리안 트레이더, 여기는 와홍호입니다. 오버.

본 선 와홍, 여기는 코리안 트레이더, 말씀하십시오.

Wha Hong	Are you in black hull and white accommodation?
Korean Trader	Right. We can see you to the port.
Wha Hong	To which side of you shall we approach?
Korean Trader	Now the wind is blowing from the southwest. We have prepared the gangway ladder on our starboard side. So approach there.
Wha Hong	Roger.
Korean Trader	After the boarding men are aboard, go to the starboard quarter. We are ready to lift the shipment there with the store davit.
Wha Hong	Roger.

와 홍 선체가 검정색이고, 거주구역이 흰색인 선박이 귀선 맞습니까?

본 선 예, 그렇습니다. 본선에서도 좌현측에 귀선이 보이는군요.

와 홍 귀선의 어느 현측으로 계류하면 되겠습니까?

본 선 현재 남서풍이 불고 있으므로, 본선 우현측 현문사다리를 준비해 두었으니 우현측으로 계류바랍니다.

와 홍 예, 잘 알았습니다.

본 선 승선하여야 할 인원이 올라오고 나면, 선미 우현측으로 가십시오. 선적할 물품은 그쪽에서 스토아 대비트를 이용하여 올릴 수 있도록 준비했습니다.

와 홍 예, 그렇게 하겠습니다.

Section 2

Spare parts shipping agent, supplier to receive order and ship chandler handling shipment of provisions aboard Korean Trader anchored at Singapore port. Application for spare parts was already issued for shipment at Singapore at the time of departure in L.A., and provisions are scheduled for shipment by direct order to ship chandler.

Agent Good morning, Chief officer.

Chief Officer Good morning. We have a lot of shipment and I wonder whether everything is O.K.

Agent I brought here the necessary documents and invoices. Would you check them?

Chief Officer Can I see the papers? These papers and invoices on the front are items for the engine department. Please contact the first engineer on this matter. For the rest of 10 docu-ments, I'll sign them after checking the items.

Agent All right.

Chief Officer There should be radar parts among the spare parts from Japan by air, but I can't find the invoice.

Agent I brought all the documents for the items arriving this morning. If you can't find it, maybe it has not arrived at Singapore yet.

Chief Officer Have you heard anything about it from our company?

Agent No. Nothing yet.

Chief Officer We received cable at sea from our head office, we can pick it up at Singapore.

싱가폴에 정박 중인 화물선 코리안 트레이더호에 수리부품을 선적하려는 대리점원과 선용품 및 부식의 청구를 받기 위하여 선식업자가 승선한다. 수리부품은 본선이 로스앤젤레스 출항시, 싱가폴에서 선적하기 위하여 이미 필요한 청구서를 제출하여 둔 것이며, 부식은 선식업자에게 직접 주문하여 선적하려고 한다.

대리점원 1항사님, 안녕하십니까?

1 항 사 예, 안녕하십니까?
이번에 선적할 물품이 꽤 많은데 전부 수배가 되었는지 모르겠습니다.

대리점원 여기에 필요한 서류와 송장 등을 가져 왔습니다.
확인해 보시지요.

1 항 사 그 서류들을 좀 건네 주실까요?
여기 앞부분의 서류와 송장은 기관부 소관 물품에 관한 것이군요. 이것은 나중에 1기사와 협의하십시오. 나머지 10장에 대한 것은 제가 물품을 확인한 후에 서명해 드리겠습니다.

대리점원 예, 그렇게 합시다.

1 항 사 일본으로부터 항공편으로 온 수리부품 중에 레이더에 관한 것이 있을 것인데 송장이 보이질 않는군요.

대리점원 오늘 오전까지 도착한 것은 모두 가져 왔습니다만, 그렇다면, 아직 싱가폴에 도착하지 않은 것 같습니다.

1 항 사 그것에 관한 얘기를 저희 회사로부터 무엇인가 들으신 것이 있습니까?

대리점원 전혀 없습니다.

1 항 사 저희들은 이번 싱가폴항에서 선적할 수 있다고 전보로 항해 중에 본사로부터 통보를 받았습니다.

Agent If it's true, I'll get back to the office and check it again. This time it looks like you have an unusual amount of spare parts. Any particular reason?

Chief Officer Yes, After this voyage, we'll docking for ship repairing. We are making the advanced shipment necessary for the work.

Agent Any missing supplies?

Chief Officer Well, almost everything is O.K. I'll go and check all the items. Meanwhile, you'd better talk to the first engineer if necessary.

Agent According to the cable you sent before arriving at the port, you need some supplies at this port without failure.

First Engineer You're right. We are going to repair the generator while staying here. We need some spare parts for it.

Agent Then I think you need a repairman. We were not informed of anything about it.

First Engineer It's an easy job only if we can get spare parts. We can do it ourselves. Here we have the invoice for it.

Agent Does it match your request?

First Engineer Yes, It's the same as we requested.

Agent Wonderful? We took great care of it since you sent us the cable.

First Engineer Thank you.

Chief Officer Here we found one of the spare parts of the steering gear non-identified on the request and we'd like to return it.

Agent Is it true? Maybe we made some mistakes. Can't you use it on your ship at all?

Chief Officer Maybe we can use it.

Agent In the case of other ships, the head office often gives the order directly. Can't you suppose any occasion like that?

대리점원　그렇다면 사무실로 돌아가서 한번 더 확인해 보겠습니다. 이번 선용품 중에는 다른 때보다 수리부품이 상당히 많은 것 같습니다. 무슨 이유라도 있습니까?

1 항 사　예, 이번 항해가 끝나면 본선은 수리차 입거할 예정입니다.
그때 필요한 것들을 미리 선적하여 두는 것입니다.

대리점원　다른 선용품은 빠진 것이 없습니까?

1 항 사　거의 수배가 된 것 같군요. 물품을 확인하고 오겠습니다. 그 사이 1기사와 함께 필요한 의논을 하십시오.

대리점원　본선이 입항하기 전에 보내신 전보에 의하면, 이 항구에서 필히 보급해야 할 물건이 있는 것 같던데요?

1 기 사　예, 이 항구에서 정박하고 있는 동안에 발전기를 수리하려고 합니다. 그때 사용할 수리부품입니다.

대리점원　그러시다면 수리업자는 수배하지 않아도 됩니까? 그 점에 관해서는 아무런 통보도 받지 못했습니다.

1 기 사　수리부품만 있다면 수리작업은 간단합니다. 본선에서 충분히 할 수 있는 겁니다. 여기에 송장이 있군요.

대리점원　원하시는 것과 일치합니까?

1 기 사　예, 저희가 청구한 것과 같습니다.

대리점원　전보까지 보낸 것이라 매우 중요하다고 걱정했는데 다행이군요.

1 기 사　감사합니다.

1 항 사　여기 조타기에 관한 수리부품 중 하나가 본선에서 청구한 것과 다른 것이 선적되었는데, 이것은 반환하는 것이 좋을 것 같습니다.

대리점원　그렇습니까? 어디에선가 착오가 생긴 모양이군요. 분선에서는 전혀 사용할 수 없는 것입니까?

1 항 사　그렇지는 않습니다.

대리점원　다른 선박의 경우를 보면 본사에서 직접 수배하는 경우도 가끔 있었습니다만, 이러한 경우에 해당하지는 않겠는지요?

Chief Officer I've never heard about it. Moreover, our ship hasn't made that request.

Agent Then, what are you going to do?

Chief Officer When you are back in the office, you'd better contact our head office to talk it over. And if our head office has not ordered the item, we'll return it.

Agent Good. I'll get in touch after making contact with your head office. Well, I'd like to say good-bye.

Chief Officer Good-bye.

Agent Good-bye.

Chief Steward What's the price of foods in Singapore in today?

Ship Chandler The price of Californian rice rose a little over the last month. For fish and meat, though there is little difference.

Chief Steward Can I see the price list?

Ship Chandler Sure. Here you are.

Chief Steward Fruit is cheap. It's not price marked for oranges. What's the price per box?

Ship Chandler 25 dollars. It's high quality.

Chief Steward And no price for greens, either?

Ship Chandler You can check it at the market for your self and purchase it at market price.

Chief Steward You mean we can choose them at the market directly before ordering it from you?

Ship Chandler Right. Then, you can ship fresher vegetables which meet your taste.

Chief Steward Good. Can you arrange transportation to the market?

1 항 사　　그에 관한 얘기는 전혀 듣지 못했습니다. 본선에서 청구한 적은 더욱이 없고요.

대리점원　　그러면, 어떻게 하겠습니까?

1 항 사　　사무실에 가시면, 본사와 한번 협의해 주십시오.
그래서 본사에서도 청구한 적이 없다면, 반환하기로 하겠습니다.

대리점원　　예, 본사와 협의 후 연락 드리겠습니다.
그럼 이만 내려가 보겠습니다.

1 항 사　　안녕히 가십시오.

대리점원　　안녕히 계십시오.

사 주 장　　요즘 싱가폴의 주 · 부식 가격은 어떻습니까?

선식업자　　캘리포니아산 쌀값이 지난달보다 약간 올랐습니다. 생선이나 육류 등은 별 차이가 없습니다만.

사 주 장　　가격표 좀 보여 주실까요?

선식업자　　예, 여기 있습니다.

사 주 장　　과일값이 싼 것 같군요. 오렌지 가격이 적혀 있지 않은데, 한 상자에 얼마나 합니까?

선식업자　　25$ 정도 합니다. 상품으로요.

사 주 장　　야채 가격도 보이지 않는데요?

선식업자　　그것은 직접 시장에 가서 확인하고 시장가격으로 사실 수 있습니다.

사 주 장　　그렇다면 주문하기 전에 직접 시장에 가서 저희들이 고르면 된다는 겁니까?

선식업자　　예, 그렇습니다. 그러면 구미에 맞는 것으로 좀더 신선한 야채를 선적할 수 있습니다.

사 주 장　　그렇게 합시다. 시장까지 차는 수배해 주실 수 있겠지요.

Ship Chandler Of course. For other things, please order it now. How much fruits are you going to ship?

Chief Steward Our crew likes watermelons and bananas, and we'll ship in large quantities.

Ship Chandler Bananas are very cheap. You can check it on the list.

Chief Steward Can't you give us a price cut for watermelon?

Ship Chandler 30 cents per each at most. It's still early season and we can't cut much.

Chief Steward When can you ship today's total order?

Ship Chandler For some, we can make it right away. The rest is available by tomorrow morning at the latest.

Chief Steward We are due to depart at 4 tomorrow afternoon, so you should complete shipment by tomorrow morning without fail.

Ship Chandler Don't worry about it.

선식업자 　몰론 입니다. 다른 것은 여기서 주문해 주십시오. 과일은 얼마나 실을 예정입니까?

사 주 장 　저희 선원들이 수박과 바나나 등을 좋아하니까, 많이 실으려고 합니다.

선식업자 　바나나는 아주 싼 편입니다. 가격표에 값이 있으니까 확인해 보십시오.

사 주 장 　수박값은 좀 깎을 수 없겠습니까?

선식업자 　기껏해야 개당 30센트 정도 깎을 수 있습니다. 아직 제철이 조금 이르기 때문에 많이는 깎을 수 없습니다.

사 주 장 　오늘 주문하는 것에 대해서 언제까지 선적할 수 있습니까?

선식업자 　일부는 당장 주문에 응할 수 있습니다.
나머지도 내일 오전 중에는 모두 선적할 수 있습니다.

사 주 장 　저희 배가 내일 오후 4시 출항 예정이니까, 오전 중 까지는 필히 선적하여 주셔야 됩니다.

선식업자 　그것은 염려하지 마십시오.

Unit 08

Survey

Section 1. Cargo gear survey(카고기어 검사)

Section 2. Annual survey(Machinery)(연차검사(기관))

Section 3. Annual survey(Hull)(연차검사(선체))

Section 4. Survey by the SOLAS convention(SOLAS 협약에 의한 검사)

Section 5. Casualty, damage and repair (해난 손상 및 수리)

Section 1

Cargo Gear Survey

Crew Can I help you?

Surveyor I am the surveyor from the A.B.S. Would you lead me to the captain?

Crew I see. Welcome aboard. Would you follow me?

Surveyor When did you arrive here and what is your E.T.D.?

Crew We arrived here yesterday. I'm not sure of the E.T.D., but you can ask the captain.

Crew Captain. The surveyor of the A.B.S. is come.

Captain Welcome aboard. Thank you for making the long trip. I am captain of the motor vessel Korean Trader.

Surveyor How are you, sir? Welcome to America. I am surveyor John Abraham of the A.B.S. and come here to survey the cargo gear is you requested.

Captain Have a seat, please

Surveyor First of all, would you show me the classification certificate and the cargo gear certificate?

Captain Here you are?

Surveyor I'd like to know about the history. Can I see the survey report file and maintenance record?

Captain This is the survey report but the maintenance record is now at the chief officer. Wait a minute. I'll get someone to bring it.

Surveyor And I need the plans about the cargo gear, too.

Captain This is the maintenance record and these are the plans for the cargo gear.

카고기어 검사

선 원 무엇을 도와 드릴까요?

검사원 나는 A.B.S.의 검사원 입니다. 선장께 안내해 주시겠습니까?

선 원 아. 그러세요. 오시느라 수고 많으셨습니다. 저를 따라 오세요.

검사원 언제 입항하셨으며, 출항예정은 언제입니까?

선 원 어제 입항했습니다. 출항예정은 확실히 모르겠습니다만, 선장님께 여쭈어보시죠.

선 원 선장님. A.B.S.의 검사원이 검사차 오셨습니다.

선 원 어서 오십시오. 멀리까지 오시느라 수고 많으셨습니다. 저는 기선 코리언 트래이더의 선장입니다.

검사원 안녕하십니까? 항행에 수고 많으셨습니다. 저는 A.B.S.의 검사원 존 아브라함이라고 합니다. 요청하신 대로 카고 기어를 검사하러 왔습니다.

선 원 우선 앉으세요.

검사원 먼저 참고로 Classification certificate와 Cargo gear certificate를 보여 주시겠습니까?

선 장 여기 있습니다.

검사원 그동안 경과를 알고 싶은데, 검사보고철과 정비기록부를 보여 주시겠습니까?

선 장 검사보고철은 이것입니다. 정비기록부는 1항사가 보관하고 있으니 잠시 기다리세요. 가져오라고 지시하겠습니다.

검사원 그리고 카고 기어에 관한 도면도 같이 부탁합니다.

선 장 이것은 정비기록부이며, 이것이 카고 기어에 관한 Plan입니다.

Surveyor Before taking the survey, I'd like to know more about the structure of this part in detail. Can I see the detail plan of this part?

Captain Here it is.

Surveyor Maybe this content is in the instruction book. Would you show me the instruction book and section plan? I'd like to know about the specifications of the material for the newly exchanged parts. Did you have the plan drawn at the time of repair? If you don't have it, I'll check with my headquarters by telex.

Captain We have the detail plans drawn up for the repair at that time. You may ask the chief officer who's quite familiar with it.

Chief officer How do you do? I am Chief officer, Kim Young-Min.

Surveyor Nice to meet you. I am surveyor John Abraham from the the A.B.S. I'd like to ask you some questions about the repair of this part.

Chief officer Very well. I'll tell you everything I know.

Surveyor Will you tell me the cause of the accident and the repair?

Chief officer It was about 6 months ago in Buenos Aires, Argentina. During work, a cargo block fell to the deck and, luckily, we had neither casualties nor a costly damages. We immediately requested our agent for repairs and to arrange a survey. The repairman was from A & B Repair Company and the surveyor at that time was Mr.McQueen who was senior surveyor of A.B.S stationed there. This is the repair plan, concerning specifications of the material, you have it at the bottom. These are the certificates of the cargo blocks and the results of the material test of the blocks.

Surveyor I see. Before taking the survey, I'd like to talk about the inspection procedure.

검 사 원 검사 착수 전에 이 부분의 구조를 좀더 상세히 알고 싶은데 도면을 볼까요?

선 장 여기 있습니다.

검 사 원 이 내용은 지침서에 있을 것 같습니다. 지침서와 단면도를 보여 주십시오.

새로 교환한 부분의 재료규격을 알고 싶습니다. 수리할 때의 도면을 가지고 계십니까? 만약 안 가지고 계신다면, 우리 본부에 텔렉스로 조회하여 보겠습니다.

선 장 그 당시의 수리를 위한 상세도면이 있습니다. 상세한 것은 1항사가 자세히 알고 있으니 물어 보시기 바랍니다.

1 항 사 안녕하십니까? 저는 이 선박의 1항사인 김영민입니다.

검 사 원 네, 처음 뵙겠습니다. A.B.S. 검사원인 존 아브라함입니다. 이 부분의 수리에 대하여 몇 가지 여쭤 보고 싶습니다.

1 항 사 예, 아는 대로 대답해 드리겠습니다.

검 사 원 사고 경위와 수리에 대해서 말씀하여 주십시오.

1 항 사 지금부터 약 6개월 전 아르헨티나의 부에노스아이레스에서였습니다. 작업도중 카고 블록이 떨어졌는데 다행이 인명 손상이나 커다란 피해는 입지 않았습니다. 그래서 즉시 대리점에 연락하여 수리와 검사의 수배를 부탁하였습니다. 수리업체는 A.&B. Repair Company였으며, 그때 담당검사관은 그곳에 주재하는 A.B.S. Senior Surveyor 맥퀸씨 였습니다. 이것이 수리 도면이며 재질에 관한 것은 이 아랫부분에 있습니다. 이것이 카고 블록의 검사증서이며, 이것은 이 블록의 재료시험결과입니다.

검 사 원 잘 알았습니다. 이제부터 검사하기 전에 미리 검사순서에 관해 의견을 나누고 싶습니다.

Chief officer Very well. Mr. Abraham, would you tell us first your plan? We have done the overall preparation for the survey.

Surveyor Yes, First of all, I'll do a working test of the cargo gears. Then, I'll inspect in detail in the order of loose gears, in other words. Cargo blocks, shackles, wire ropes, safety device and prime moves.

Chief officer Very well. Shall we go?

Surveyor The certificates for the loose gears such as shackles and wire ropes are not enclosed in the register of the ship's cargo handling machinery and gear. Please find the certificates and put them in order.

1 항 사	예, 먼저 아브라함씨의 계획을 말씀해 주시죠. 계략적인 검사준비는 이미 해 두었습니다.
검 사 원	예, 우선 카고 기어의 작동시험을 하겠습니다.

1 항 사	예, 잘 알겠습니다. 그럼 나가실까요?
검 사 원	본선 하역기기와 기어의 등록부에 샤클, 와이어 로프 등과 같은 Loose gear의 증서가 첨부되어 있지 않습니다. 증서를 찾아 완비해 두십시오.

Section 2

Annual Survey (Machinery)

Surveyor Upon your request, we came for an annual survey of the machinery. I am surveyor Heinrich from GL(Germanischer Lloyd).

Chief Officer Many thanks for coming. I am M.C. Park, chief engineer of this ship. I'd like to introduce Mr. Lee, our first engine-er.

Surveyor Would you like to show me your classification certificate, safety equipment certificate, survey report file, mainten-ance, report and the general arrangement of the engine room.

Surveyor How was the engine condition during the voyage? Anything wrong?

Chief Officer No. Nothing wrong.

Surveyor O.K. First I'll take an overall check-up of the engine room, particularly of the safety equipment in detail. Especially, as for the closing appliance, please show me everything.

Chief Officer Sure.

Surveyor Do you operate the engine by remote control at the bridge?

Chief Officer Yes, but only during navigation in the open sea.

Surveyor Anything wrong with the remote control system?

Chief Officer Nothing wrong in particular.

Surveyor Please show me the checklist for the remote control.

First engineer Here you are. I'm in charge of the MO(M zero) check everyday.

Surveyor I'll test the calling system of the chief engineer, first eng- ineer and second engineer.

Surveyor I'll test emergency shut down valve of the fuel oil settling tanks

연차관 검사 (기관)

검 사 원 요청하신 대로 기관의 연차검사를 하러 왔습니다. 저는 GL의 검사원 하인리히 입니다.

기 관 장 오시느라 수고 많으셨습니다. 저는 본선의 기관장 M.C. Park입니다. 저희 1기사 이씨를 소개합니다.

검 사 원 본선의 선급증서, 안전설비증서, 검사보고철, 정비기록부 및 기관실 일반배치도를 보여주세요.

검 사 원 항해 중 기관의 상태는 어떠하였습니까?

기 관 장 예, 아무런 이상이 없었습니다.

검 사 원 검사순서는 먼저 기관실의 전반을 보고 특히 안정장치 등에 대하여 상세히 검사하겠습니다. 특히 폐쇄장치에 관하여서는 빠짐없이 보여주세요.

기 관 장 예, 잘 알겠습니다.

검 사 원 엔진은 선교에서 원격조종을 하고 있습니까?

기 관 장 예, 외해 항해 중에만 실시하고 있습니다.

검 사 원 원격조종계통에 이상 없습니까?

기 관 장 별다른 이상은 발견치 못하였습니다.

검 사 원 원격조정을 위한 체크 리스트를 보여주세요.

1 기 사 여기 있습니다. 메일 제가 MO check를 하고 있습니다.

검 사 원 기관장, 1기사, 2기사의 호출장치를 시험해 보겠습니다.

검 사 원 각종 연료유 세틀링 탱크 및 서비스 탱크의 Emergency shutdown

and service tanks.

Surveyor I'll check the lub oil pressure, slowdown and shutdown by low pressure of each cooling water.

Surveyor I'll check the function of the emergency fire pump.

Surveyor I'll check the alarm system of Total Flooding Fire Exting-uish System and stop operating of the engine room ventilation fan.

Surveyor I'll test closing appliances of the ventilators and air pipes for each tank.

Surveyor I'll check operation of the steering gear.

Surveyor Please let the quarter master start the emergency steer-ing.

Surveyor Please let the olier operate the emergency fire pump.

Surveyor Please let the third engineer operate the emergency ge-nerator.

Surveyor Your engine is a B & W type. This type of engine has experienced cracks at the shoulder part of liner flange. Have you had such an experience?

Chief Engineer Other ships have. But we haven't so far.

Surveyor Would you show me the record of the crank defection of the main engine?

Surveyor What's the operation hour of the crank pin bolts of the generator engine?

Chief Engineer We exchange those in use with over 30,000 hours for new ones, according to the maker's recommendation. Now., they are used for almost more than 12,000 hours.

Surveyor When did you measure the weight of CO_2.

Chief Engineer On our record, we measured the weight last August while inspecting the safety equipment.

Surveyor Which is the emergency bilge suction valve?

valve의 작동시험을 해 보겠습니다.

검 사 원 윤활유 압력 및 각종 냉각수 압력의 저압에 의한 Slowdown과 Shutdown을 시험해 보겠습니다.

검 사 원 비상소화 펌프의 작동을 검사해 보겠습니다.

검 사 원 기관실의 Total flooding fire extinguish system의 경보장치와 기관실 통풍팬의 정지가 잘 되는가를 검사하겠습니다.

검 사 원 통풍기와 각종 탱크의 에어파이프의 폐쇄장치를 시험해 보겠습니다.

검 사 원 조타장치의 작동상태를 검사하겠습니다.

검 사 원 조타수로 하여금 비상조타를 작동케 해 보세요.

검 사 원 조기수로 하여금 비상소화펌프의 운전을 하게 해 보세요.

검 사 원 3기사로 하여금 비상발전기의 운전을 하게 해 보세요.

검 사 원 본선기관은 B&W형이군요. 이 형식의 기관은 Liner flange의 Shoulder 부분에 균열이 발생한 경우가 있는데 기관장께서는 그런 경험이 있습니까?

기 관 장 다른 선박에서는 그런 경험이 있으나, 본선에서는 아직 없었습니다.

검 사 원 주기관의 Crank deflection 기록을 보여 주세요.

검 사 원 발전기의 크랭크핀 사용기간은 얼마입니까?

기 관 장 제조자의 권고에 따라서 30,000시간이 경과된 것은 모두 새로 바꾸었습니다. 지금은 대체로 12,000여 시간 정도 입니다.

검 사 원 CO_2의 무게를 측정한 것은 언제입니까?

기 관 장 기록에 의하면 작년 8월에 안전설비검사를 하였으며 그때 무게를 측정한 것으로 되어 있습니다.

검 사 원 Emergency bilge suction valve는 어느 것입니까?

Chief Engineer Here it is. We are using the main cooling sea water pump as an emergency bilge pump.

Surveyor You'd better paint this valve in red and brown to disting-uish, it easily from the others.

Chief Engineer That's understood. It will be done.

Surveyor Would you show me the maintenance report of each air valve for the control system?

Chief Engineer Since the ship is newly built and not old, we are not keeping anything like a maintenance report. But we are checking lubrication every 3 months regularly by overhauling shortly, and keeping a record in the chief engineer's log book.

Surveyor What's the viscosity of oil you're using?

Chief Engineer We are using 3500 sec as Redwood No. 1 or IF 280 as ISO standard.

Surveyor Any problem with purifying?

Chief Engineer We use purifier in the Sharpless circulating water type and have no problem with purifying, but as we use FCC oil, or Fluidbed catalytic Cracking oil we have some problem to remove alumina silica. We frequently blow out the notch wire type filter and do cleaning, but it's almost impossible to remove it completely. So far, we have no big trouble in the fuel oil system but we find much alumina silica piled up whenever we open the piston.

Surveyor And no sticking of the plunger pump?

Chief Engineer So far, no.

Surveyor How often do you check the insulation resistance of electric facilities?

Chief Engineer We have meggering of deck machinery in good weat-her 2 or 3

기관장　이것입니다. 비상 빌지 펌프로써 Main cooling sea water pump를 사용하고 있습니다.

검사원　이 밸브는 다른 밸브와 구별이 쉽게 되는 적색과 갈색 페인트로 칠하여 주시기 바랍니다.

기관장　잘 알겠습니다. 그렇게 하도록 하겠습니다.

검사원　제어계통의 각종 에어밸브의 정비기록을 보여 주세요.

기관장　아직 신조한지 얼마 되지 않아서 정비기록을 할 정도의 것은 없었습니다. 그러나 3개월에 한 번씩 정기적으로 간단히 분해하여 윤활관계를 확인하고 있습니다. Chief Engineer's Log Book에 업의 상세를 기록해 두었습니다.

검사원　현재 사용하고 있는 기름의 점도는 얼마입니까?

기관장　Redwood No.1으로는 3500sec를, ISO로는 IF280을 사용하고 있습니다.

검사원　Purifying에는 이상이 없습니까?

기관장　본선의 Purifier는 Sharpless의 circulating Water type로서 Purifying에는 이상이 없으나 본선이 FCC oil, 즉 Fluidbed catalytic cracking oil을 사용하고 있으므로 Alumina silica의 제거가 문제입니다.

검사원　Plunger Pump의 고착 현상은 없었습니까?

기관장　아직까지는 없었습니다.

검사원　전기설비의 절연저항은 얼마 만에 체크하고 있습니까?

기관장　갑판보기는 입항 2, 3일 전 좋은 날씨를 택하여 Meggering하고 기관실

days before entering a port, and for those of the engine room, we make a check-up biannually. Of course, when working current increases we start checking in every way at once.

Surveyor Would you show me your oil record book?

Chief Engineer Here you are.

Surveyor This book isn't covering recent records.

Chief Engineer The record is kept by the 2nd engineer under the sup-ervision of the 1st engineer. Anyway, I'll manage to complete the gap.

Surveyor Let me see the maintenance record of the bilge separating System.

Chief Engineer Here it is.

Surveyor Well done in general. O.K. with this, the annual survey is completed.

Surveyor Is there anything I can help you with for a continuous machinery survey?

Chief Engineer This list shows the maintenance for CMS taken since 3 months ago. I myself opened and checked it, and took pictures for reference. Take a look, and if it's sa-tisfactory, would you endorse it?

Surveyor Excellent. What's the CMS of the ship this year?

Chief Engineer It's the third year in the first cycle and things are going as scheduled. Thank you very much. You've done wo-nderful job.

Surveyor Bon voyage.

의 기기 등은 6개월마다 행하고 있습니다. 물론 Working current가 평시보다 증가할 때는 즉시 여러 방면으로 체크하고 있습니다.

검 사 원	기름기록부를 보여 주세요.
기 관 장	여기 있습니다.
검 사 원	기록이 최근 것까지 되어 있지 않군요.
기 관 장	2기사가 기록하고 1기사가 감독하고 있습니다만, 빠진 곳은 다시 기록하도록 하겠습니다.
검 사 원	Bilge separating system의 정비기록을 보여 주세요.
기 관 장	여기 있습니다.
검 사 원	대체적으로 양호합니다. 이것으로 연차검사를 끝내겠습니다.
검 사 원	기관계속검사를 위하여 제가 도와드릴 것이 있습니까?
기 관 장	이 리스트가 3개월 전부터 CMS를 위해 정비한 것입니다. 제가 개방검사를 하고 참고로 사진을 찍어 두었습니다. 보시고 만족하신다면 배서하여 주시기 바랍니다.
검 사 원	아주 훌륭합니다. 본선의 CMS는 금년에 어느 정도입니까?
기 관 장	지금이 3년째인데 계획대로 하고 있습니다. 감사합니다. 수고 많으셨습니다.
검 사 원	안전항해를 바랍니다.

Section 3

Annual Survey (Hull)

Surveyor Upon your request, I came for an annual survey of the hull. My name is Thomas from Det Norske Veritas.

Captain Welcome. I am captain J.H. Kwon, and this is J.O. JO, the chief mate.

Surveyor First of all, would you show me the classification certific-ate, safety equipment certificate and survey report file?

Surveyor For the annual survey, I'll check in the order of each clo-sing appliance, vent, air pipe and coaming on the expos-ed deck, water tight door and soil pipe, drain pipe, safet-y equipment, mooring and anchor gear, fire fighting app-liances, steering system with their performance test as well as load line survey.

Captain All right. Now, I'll show you each closing appliance. Shall we start with the wheel house?

Surveyor The packing condition of the water tight door is not so good. When did you change the packing?

Captain According to our inspection log, it's almost 2 years ago.

Surveyor The condition of the flame arrestor of the air pipe in the fuel oil tank is not good. You need to change the wire mesh.

Surveyor The closing appliance of the air pipe in the water ballast tank is stuck with paint. Please do something to allow a smooth open-and-close operation.

Surveyor Now, I'll test the cargo gear performance. Please Prepa-re to start it.

Captain I'll let the engine room start it by operating the generati-ons in

연차관 검사 (선체)

검 사 원 요청하신 대로 선체의 연차검사를 위해서 왔습니다. 저는 Det Norske Vertitas의 토마스라고 합니다.

선 장 어서 오세요. 저는 본선 선장 J.H. Kwon이며, 이 사람은 1항사 J.O. Jo 라 합니다.

검 사 원 먼저 선급증서, 안전설비증서 및 검사보고철을 보여 주시겠습니까?

검 사 원 연체검사는 각종 폐쇄장치, 통풍장치, 에어파이프, 코밍 폭로갑판상에 있는 수밀문의 상태, Soil pipe와 Drain pipe, 안전설비, 묘박계선설비, 소방설비, 조타장치 등의 성능시험, 만재 흘수선 검사의 순서로 진행할까 생각합니다.

선 장 예, 잘 알겠습니다. 그럼 각종 폐쇄장치를 위해 제가 안내해 드리겠습니다. 선교부터 시작하실까요?

검 사 원 수밀문의 팩킹 상태가 그다지 좋지 않습니다. 팩킹의 교환은 언제 하셨습니까?

선 장 기록부에 의하면 2년 정도 되었습니다.

검 사 원 연료유 탱크에 있는 에어파이프의 Flame arrestor 상태가 좋지 않습니다. Wire mesh를 교환하여야 하겠습니다.

검 사 원 Water ballast tank의 에어파이프에 의해 폐쇄장치가 페인트에 의해 고착되어 있습니다. 원활하게 열리고 닫히도록 하여 주시기 바랍니다.

검 사 원 카고 기어의 작동시험을 하겠습니다. 작동준비를 해주세요.

선 장 기관부에 연락하여 발전기를 병렬운전하도록 하겠습니다. 병렬운전을

parallel. To prepare parallel operation, we need about 30 minutes. Until it's ready, would you like to look at something else?

Surveyor Please make preparations for anchor windlass, mooring gear, and steering gear altogether.

Surveyor Would you let the 3rd mate try communication between the steering room and the wheel house?

Captain All right. I will send the 2nd mate to the wheel house and order the engine control room to put the power source in- to the steering motor.

Surveyor Are you the 3rd mate? Would you tell me how to operate the emergency steering?

Third Mate Yes. On this ship, you open the bypass valve of the pilot hydraulic line, pull out the pin to disconnect the power unit, then connect the pin to emergency and rotate this this wheel for emergency steering while reading the rud- der indicator.

Surveyor Is the communication with the wheel house in good con-dition.

Captain Yes, would you like to try it for yourself?

Surveyor Is the freeboard mark of this ship, a plate attached just a painting?

Captain It's marked with are welding, so it won't rub off, and when we paint the ship's side, there is no chance of ma-king any mistakes.

Surveyor For checking the freeboard mark, I need a stage. Please prepare it. Also, please prepare a mould plate or tape measure.

Surveyor Pull down the stage. While one of you helps me with the checking down there, and the other holds the tape mea-sure at the upper deck.

Surveyor Its summer water line is 10mm high, So the overall mark is incorrect.

위해서는 약 30분의 시간이 필요합니다. 그 동안 다른 것을 검사하기겠습니까?

검사원 양묘기, 계선설비와 조타장치의 작동시험을 위한 준비도 함께 하여 주시기 바랍니다.

검사원 3항사로 하여금 타기실과 선교간의 통화를 해 보도록 하겠습니까?

선 장 예, 2항사를 선교에 보내고 엔진콘트롤 룸에 연락하여 스티어링 모터에 전원을 넣도록 하겠습니다.

검사원 당신이 3항사입니까? 비상조타의 방법을 말씀해 보시겠습니까?

3 항 사 예, 본선의 경우에는 Pilot hydraulic line의 바이패스 밸브를 열고 여기에 있는 핀을 뽑아 Power unit와의 연결을 끊은 후, Emergency쪽으로 핀을 꽂아 이 휠을 돌려 타각지시기를 보면서 비상조타를 합니다.

검사원 선교의 통신상태는 좋습니까?

선 장 한 번 통화를 해 보십시오.

검사원 본선의 만재흘수선 표시는 Plate를 부착한 것입니까, 혹은 페인트로 그린 것입니까?

선 장 아이크 용접으로 표시한 것이어서 페인트가 지워지거나, 선측을 페인팅할 때에도 오류를 범할 염려가 없습니다.

검사원 만재흘수선표를 확인하려면 발판이 필요합니다. 준비해 주시기 바랍니다. 아울러 Mould plate나 Tape measure를 준비해 주십시오.

검사원 발판을 내려 주십시오. 한 분은 옆에 내려와 검사를 도와주시고 다른 분은 상갑판에서 자를 잡아 주십시오.

검사원 하기만재흘수선이 10mm 올라가 있습니다. 따라서 전체의 표시가 틀려져 있습니다.

Section 4

Survey By The SOLAS Convention (SOLAS)

Surveyor Do you need a full survey or one to get a valid certificate for the remaining period?

Captain We need a full survey.

Surveyor Then, will you show me the classification certificate, safety constructions certificate and safety equipment certificate.

Surveyor For the hoisting and lowering test of the motor in the life boat, place the lifeboat outside the vessel and start the induction motor to wind up at the prescribed speed. When the lifeboat comes to the original position, we will test the operation of the limit switch.

Captain We take lifeboat launch training monthly when the ship is in port. In every training session, we checked the operationof the limit switch and we've found no problem.

Surveyor Please carry out the turning-out, hosting, lowering and op-eration of the lifeboat. We'll test boat davit simultaneously.

Surveyor As the validity of emergency food rations is less than 3 mo-nths, you' ve to replace it all.

Captain We already find it out that the validity of the rations had ex-pired, and have phone request for a new supply to our age-nt. According to him we will be resupplied by tomorrow afte-rnoon. You can confirm that with the agent. I hope you do not put it in your records as negligence on our part.

Surveyor I'll check the firemen's outfits. Please display them all.

Captain We have 2 sets of firemen's equipment together with self-contained

SOLAS 협약에 의한 검사

검 사 원 이번에 Full survey를 원하십니까, 아니면 남은 기간의 유효증서를 발급 받기 위한 검사를 희망하십니까?

선 장 Full survey를 희망합니다.

검 사 원 선급증서, 안전구조 증서 및 안전설비 증서를 보여 주십시오.

검 사 원 발동기부 구명정의 인양과 하강시험은 구명정을 선회측으로 진수시켜 규정된 속도로 감아 올린 뒤 구명정이 본위치로 갔을때 리미트 스위치의 작동을 시험토록 하겠습니다.

선 장 구명정의 진수훈련은 정박해 있는 경우 한 달 기간으로 하고 있습니다. 이때마다 리밋 스위치의 작동을 확인하고 있으며 이상이 없습니다.

검 사 원 구명정의 Turning out, 인양, 하강과 운전시험을 해 주십시오. 동시에 보트 대비트 시험을 실시하겠습니다.

검 사 원 비상식량의 유효기간이 3개월 미만이므로 전부 교환하여야 합니다.

선 장 비상식량의 유효기간을 검사하여 기간이 만료됨을 알고 대리점에 전화로 공급을 요청하였습니다. 대리점에 의하면 내일 오후에 공급하겠다고 하니 대리점에 공급확인을 하시고 지적사항에는 기록을 하지 않도록 부탁합니다.

검 사 원 소방원장구를 검사하겠으니 진열해 주시기 바랍니다.

선 장 본선의 소방원장구는 2조이며 자장식 호흡구도 준비되어 있습니다. 압

breathing apparatus's. We checked the compre-ssed air pressure and found that everything was O.K. Also we checked the number of spare bottles.

Surveyor I'll check the operation of the emergency fire pump. Please let the saloon boy start the emergency fire pump. And let the wiper use the fog and jet nozzle.

Captain We are training all the crew to operate fire pumps and life-boat and to use the portable fire extinguishers and to learn where they all are located. You can choose anyone to test the use of the equipment and to get any number of exting-uishers.

Surveyor When did you exchange the medium of the extinguisher?

Captain The medium is good for one year. We keep a tag on every extinguisher with validity terms marked on it. You can check it yourself.

Surveyor What kind of extinguishers do you have for the radio room and engine control room?

Captain We have dry powder extinguishers in the radio room, the engine control room and the wheel house which are valid for class A, B and C fires. The powder is good for 5 years, and it has been 3 years since we last changed it. You'd better confirm it though.

Surveyor Will you show me the certificates of the navigation lights and other articles?

Captain There are all together in the survey's report file. You can confirm it in the captain's cabin after the survey is compl-eted.

Surveyor Now, I'll check the life buoy. How many buoy are you kee-ping? How many of them are attached to the lifeline and where are they?

Captain We have total of 12 life buoys, 4 of which are attached with 24.5m

력공기의 압력을 확인한 바 이상 없으며 예비 보틀의 수도 확인하였습니다.

검사원 비상소화펌프의 작동시험을 하겠습니다. 보이에게 비상소화펌프를 운전토록 하시고 기관원에게는 분무 및 제트노즐을 사용토록 하여 주세요.

선 장 본선에서는 전 선원이 비상소화펌프 및 구명정의 운전을 할 수 있도록 훈련되어 있으며 휴대식 소화기의 사용법과 보관위치를 교육시키고 있습니다. 임의의 한 사람에게 이것의 사용법과 임의 번호의 소화기를 가져오도록 명령해 보십시오.

검사원 소화기의 소화제는 언제 교환하여 옵니까?

선 장 소화기의 소화제는 1년 동안 유효합니다. 각 소화기마다 찌지를 붙여 소화제의 교환일자를 기록해 두고 있습니다. 한 번 확인해 주시기 바랍니다.

검사원 통신실과 엔진컨트롤 룸의 소화기는 어떤 종류입니까?

선 장 통신실과 엔진컨트롤 룸 및 선교의 휴대식 소화기는 분말소화기이며 A, B, C급 화재에 유효합니다. 분말의 유효기간은 5년이며 교환한지 3년이 되었습니다. 한 번 확인해 보시겠습니까?

검사원 항해 등 및 기타 물품의 증서를 보여 주십시오.

선 장 모두 검사보고철에 같이 철해져 있습니다. 검사 후 선장방에 가서 확인해 주시기 바랍니다.

검사원 구명부환을 검사하겠습니다. 모두 몇 개입니까? 또 라이프 라인이 부착된 것은 몇 개이며 어디에 있습니까?

선 장 구명부환은 모두 12개이고 24.5m, 라이프 라인이 부착된 구명부환은 4

lifelines kept on the port and starboard sides of the wing bridge, 2 on each side.

Surveyor How many life jackets have you?

Captain Our complement is 23 and we have 26 life jackets.

Surveyor Would you show me the self-lighting light? Look, the validi-ty term of all 4 is within 2 months. You'll have to change th-em all.

Captain I've also taken care of that, through the agent. You can check with the agent about the change.

Surveyor Will you show me the line throwing gun, distress signals, that is parachute signal and rocket signals?

Surveyor Then, show me the log book, operator license and spare parts list.

Surveyor How is the condition of radio installation?

Surveyor Now, I'll check in the order of the output tests of the main and auxiliary transmitters, sensitivity tests of the receivers, autokeyer, autoalarm, radio installation for the lifeboat, dir-ection finder and spare parts.

Captain For the inspection of the radio installation, we completed the repairs in 2 days at MC and Son's, and expert in this field.

Surveyor Would you let the radio officer communicate with the coast guard station using the main transmitter and receiver?

개 있으며, 윙 브리지의 좌우현에 2개씩 비치해 두고 있습니다.

검사원 구명동의는 모두 몇 벌 입니까?

선 장 본선 전 승무원 수는 23명이며, 구명동의는 모두 26벌이 있습니다.

검사원 자기점화등을 보여 주세요. 4개 모두 유효기간이 2달밖에 남지 않았습니다. 모두 새것으로 교환하셔야 합니다.

선 장 이것도 대리점을 통해 공급토록 지시해 두었습니다. 바뀐 사항에 대하여 대리점에 확인하시기 바랍니다.

검사원 구명줄 발사기 및 조난 신호탄, 즉 낙하산 신호, 로켓 신호를 보여 주세요.

검사원 로그북, 통신사증, 스페어 파트 리스트를 보여 주세요.

검사원 무선설비의 상태는 어떻습니까?

검사원 주송신기 및 보조송신기의 출력시험, 수신기의 감도시험, 자동전건장치, 자동경보장치, 구명정의 무선장비, 방향탐지기, 스페어 파트 등의 순서로 검사하겠습니다.

선 장 이번 무선설비 검사를 위하여 이 분야의 전문업체인 Mc and Sons Company에서 2일간 정비를 완료하였습니다.

검사원 통신사께서 주송신기 및 수신기를 사용하여 해안국과 교신해 주십시오.

Section 5

CASUALTY, DAMAGE AND REPAIR

Surveyor Please tell me how you found the damage.

Chief engineer It was when we were heading for pusan from singapore. on the fifth day after our departure, we met heavy wind and waves. the sea-state recorded 7, and the propeller was racing so violent that we couldn't go or at full speed. so, we downed rpm about half and moved on. for fear of fire in the scavenging trunk and blow by of the piston, we attached the thermometer to the door of the lanternspace, and checked the temperature on every watch. while the scavenging air pressure was kept around the auto-star pressure of the auxiliary blower, to repeat on-off, the operation was changed to manual, and I ordered our men to operate it manually when the scavenging air pressure came below 0.3kg/cm^2. Because it was not a long period, we kept same level of using cylinder lubricating oil. After 2 days sailing in this condition, we discovered the fire at the scavenging air trunk around 6 in the evening, on December 3, and immediately we went to an emergency by informing to the bridge and reducing engine RPM. When we received the O.K. from bridge to stop engine, we stopped the engine, and started to fight the fire. We opened the smoothing valve of the scavenging trunk, and cover of lantern space at the other side, to emit carbon monoxide. Around 30 minutes after the engine stop, we extinguished the fire completely, and immediately we started engine turning to scatter heat tension. Meanwhile, we opened the

해난 손상 및 수리

검 사 관 손상을 발견한 경과를 말씀해 주세요.

기 관 장 싱가폴을 출항하여 부산으로 항해 도중이었습니다. 출항 후 5일째부터 심한 바람과 파도가 있었습니다. 해상 상태는 7을 기록하였고 프로펠러 racing이 심하여 전속전진이 불가하여 반속정도로 RPM을 낮추어 항해를 계속 했습니다.

배기 트렁크의 화재나 피스톤의 Blow by를 우려하여 lanternspace의 문에 온도계를 부착하여 매 순찰 시마다 온도를 확인케 하였습니다. 배기 압력이 보조블로워의 auto start하는 압력 부조에 있어 on-off을 반복하게 되어 수동으로 교환하였으며, 배기압력이 0.3kg/cm² 이하가 되면 manual start 하도록 지시해 두었습니다. 이는 장시간이 아니었기 때문에 실린더 윤활유의 양을 그대로 사용하고 있었습니다. 이렇게 해서 2일을 항해하고 12월 3일 저녁 6시경에 배기 트렁크에 화재를 발견하고 선교에 연락과 동시에 기관의 RPM을 낮추고 비상상태로 들어갔습니다.

선교에서 기관정지를 해도 좋다는 연락을 받고서 기관을 정지하였으며 진화작업에 들어갔습니다.
배기트렁크에 Smoothering valve를 열고 다른 쪽의 Lantarn space 커버를 열어 CO_2를 방출했습니다. 기관정지 후 30분 정도 지나서 완전히 진화했는데, 진화 후 곧바로 엔진을 Turning하여 열응력을 분산시키려고 노력하였습니다. 한편으로는 커버를 열고 내부를 검사하고 손상을 조사해보니 열로 인한 배기트렁크의 굴곡이 있었으나 별다른 손상을 발

cover to inspect inside damage and found the scavenging trunk bent by heat but without our other damage. After restoring it, we started the engine again and kept waiting with intensive care until the weather turned normal eventually increasing engine RPM.

Surveyor Were any cracks found in the bent part?

Chief engineer We took a color check partially in the part which was bent severely but found no crack.

Surveyor All right. Please hand me one copy of the report containing a brief explanation of the damage history in the form of the form the chief engineer's statement

Chief engineer Sure

Surveyor I'd like to have a look at the spot.

Chief engineer let me show you.

Chief engineer I left the lantern space door opened. It was No. 4 cylinder, but lantern spaces of cylinder No. 3 and 5 were not affected. But as it was the middle part of engine, No.3 and 5 damage because of heat conduction.

Surveyor Damages are found near the safety valve of the air tank, too.

Chief engineer Right. We exchanged the safety valve in the assembly, but as the trunk plate itself was bent, we couldn't fix it completely. So we used rubber packing beyond the limit so as to have no problems with air pressure in normal operation.

Surveyor The air tank is welded and assembled in two parts both of which are damaged. So you need to exchange them both.

Chief engineer I think so, Too.

Surveyor Has the surveyor been here from insurance company?

Chief engineer Yes. Yesterday, right after port entry, he got aboard to finish initial

견치 못했습니다. 원상태로 복구 후 엔진을 Start 하였으며, 날씨가 좋아지길 기다리면서 주의하여 엔진 RPM을 올렸습니다.

검 사 원 만곡부분에 균열은 없었습니까?

기 관 장 크게 만곡된 부분에 국부적으로 표시해 보았습니다만 균열은 발견되지 않았습니다.

검 사 원 잘 알겠습니다. 기관장 진술형식으로 손상결과를 요약한 서명서 사본 1부를 제출해 주십시오.

기 관 장 예, 잘 알았습니다.

검 사 원 현장 검사를 하고 싶습니다.

기 관 장 제가 안내하겠습니다.

기 관 장 랜턴 스페이스의 도어를 열어 두었습니다. 4번 실린더인데, 3번과 5번 실린더의 랜턴 스페이스에는 옮겨지지는 않았습니다만 엔진의 중간부분이기 때문에 열전도로 인해 손상을 입었습니다.

검 사 관 공기탱크 안전밸브 가까이도 손상을 입었습니다.

기 관 장 예, 안전밸브 전체로 교환했는데 트렁크의 플레이트 자체가 휘어서 완전히 밀착시키는 것은 곤란했습니다. 그래서 규정 이상의 고무패킹을 사용하여 정상운전일 때의 공기압력에는 이상이 없었습니다.

검 사 관 공기탱크가 용접구조이고 이 전체가 두 부분으로 되어 있는데 양쪽 다 손상을 입었기 때문에 모두 교환하여야 할 것 같습니다.

기 관 장 저도 그렇게 생각합니다.

검 사 관 보험회사의 검사관은 다녀갔습니까?

기 관 장 예, 어제 입항하자마자 승선하여 기관장기록일지와 1차 현장검사를 끝

survey with the chief engineer's log book. He said he would come again with the class surveyor today but he hasn't come yet. Any message from him?

Surveyor No. Nothing yet. I'll check the cylinder block. Please open the front cover of the lantern space of cylinders No. 3, 4, 5, and clean them completely. If I find any place questionable, I'll do a color check.

Chief engineer Right after the accident, we started operation of all cooling water pumps to check leakage around the jacket, but found no problems.

Surveyor It's difficult to check leakage when a hair crack has occured. And even when there is a surface crack not enough for leakage, you need a partial repair according to the level of damage and when you have many of such cases, you have to exchange the whole block

Chief engineer We have cleaned the lantern space of cylinder No. 4 already, but not No. 3 and 5 yet. Won't you check No. 4 first, then No. 3 and 5 after they are cleared? Or all them together after cleared?

Surveyor Maybe I can judge the conditions of No. 3 and 5 if I check that of No. 4. So, I'll check No. 4 first.

Chief engineer We've arranged light for No. 4.

Surveyor Thank you. Please prepare a color checker, too

Chief engineer It's all ready at the site.

Surveyor Thank you. You've done preparation for the inspection perfectly.

Chief engineer You are welcome.

Surveyor It's rather serious damage. The lower side of the liner is also damaged. I need to measure the lower side with a micrometer. Please arrange the micrometer and prepare for a recording.

냈습니다. 오늘 선급검사관과 연락해서 같이 오겠다고 했는데 아직 오지 않았습니다. 그런데 연락을 못 받았습니까?

검사관 예, 연락 못 받았습니다. 실린더 블록을 검사해 봐야겠습니다. 3, 4, 5번 실린더의 랜턴 스페이스 앞쪽 커버를 개방하고 깨끗이 소제하여 주시기 바랍니다.
의심스러운 곳이 있으면 색상침투검사를 해보겠습니다.

기관장 사고 직후 냉각수 계통의 펌프를 모두 운전하여 재킷 부근의 누설을 검사하였습니다만 이상이 없었습니다.

검사관 미세한 균열이 발생한 경우는 누설여부도 검사하기 곤란합니다. 단 실제 누설할 정도의 균열은 아니고 표면균열이 있더라도 그 심도에 따라 부분수리를 하여야 하며, 그런 부분이 많은 경우에는 블록 전체를 교환하여야 합니다.

기관장 4번 실린더의 랜턴 스페이스는 이미 소재하였습니다만 3, 5번 실린더는 소제하지 않았습니다. 먼저 4번을 검사하고 난 뒤 3, 5번이 소제되면 검사를 하시겠습니까? 아니면 소제 후 한꺼번에 검사하시겠습니까?

검사관 우선 4번의 상태를 보면 3, 5번의 상태도 짐작할 수 있을 것 같군요. 4번을 우선 검사해 보겠습니다.

기관장 4번에는 전등도 모두 준비해 두었습니다.

검사관 감사합니다. 색상침투검사기도 준비해 주세요.

기관장 현장에 모두 준비해 두었습니다.

검사원 검사준비를 아주 철저하게 해 두셨군요.

기관장 감사합니다.

검사관 손상이 상당히 큽니다. 라이너 하부에도 손상을 받은 것 같군요. 마이크로미터로 라이너 하부를 계측해 보아야 하겠습니다. 마이크로미터와 기록준비를 해 주시기 바랍니다.

Surveyor I measured it and found a slow change in the lowerside of the liner. I think you need to exchange the liner, too. Now, I need to overhaul the cylinder to check to piston, piston, piston rod and stuffing box.

Chief engineer I see. During cylinder overhauling, would you wait in my room, or come again when it's finished?

Surveyor I'd rather wait here.

Chief engineer Then, shall we go to my room?

Surveyor Thank you.

검 사 관 계측결과 라이너 하부의 완만한 변형이 발견되었습니다. 라이너도 교환하여야 되겠습니다. 피스톤과 피스톤 로드 및 스터핑 박스도 검사를 하여야겠으니 실린더를 분해 소제하여야겠습니다.

기 관 장 알겠습니다. 실린더 분해 소제 동안 제방에서 기다리시겠습니까? 아니면 돌아가셨다가 다시 오시겠습니까?

검 사 관 여기서 기다리겠습니다.

기 관 장 그럼 방으로 올라 가시겠습니까?

검 사 관 감사합니다.

Unit 09

Bunkering

Section 1

BUNKERING

Scene 1	**The captain and chief engineer are discussing bunker requirements.**
Captain	Chief engineer I got a cable from the head office saying to change the voyage schedule. Calling at Tokyo has been cancelled. Instead, we are heading to Singapore directly, then to Karachi.
Chief Engineer	What's the reason for cancelling Tokyo?
Captain	No particular reason given in the cable, but perhaps it's a strike on the port. So far no progress in negotiation.
Chief Engineer	Originally, we were to load 150 tons of M.D.O and 800 tons of I.F.O. at Tokyo.
Captain	Yes. That's why I came here. Anyway, we have to change bunkering schedule. As the order is for voyage to Karachi after Singapore, we need a review our fuel consumption.
Chief Engineer	I see, Captain. I'll check the fuel amount necessary from here to Singapore.
Captain	Please do. I asked the 2nd officer for information necessary to measure the distance and speed. I will let you know as soon as the calculations are completed.
Chief Engineer	All right, sir. At the same time, we have to decide a safe margin for this voyage.
Captain	What is the average safe margin for bunkers?
Chief Engineer	It's amount is usable for 3 days steaming at normal power.

급유

장 면1 **기관장 사무실에서, 선장과 기관장이 연료유적재 필요량에 대하여 이야기를 나누고 있다.**

선 장 기관장님, 본사로부터 전보를 받았는데, 그것은 항해 스케줄을 변경하는 것입니다. 동경기항은 취소되었고 대신에 Singapore로 직행하고 거기서부터 Karachi로 향하라는 지시입니다.

기관장 동경기항이 취소된 이유는 무엇입니까?

선 장 전보에는 이유는 없지만, 항만 Strike관계인 것으로 생각합니다. 협상이 아직 진전되지 않는 것 같습니다.

기관장 원래의 계획에는 800톤의 I.F.O.와 함께 150톤 M.D.O.를 동경에서 적재할 예정이었습니다.

선 장 예, 그래서 제가 여기에 온 것입니다. 아무튼 Bunkering 계획을 바꾸지 않을 수 없습니다. Singapore의 다음에 Karachi로 향하라는 지시이기 때문에, 연료의 소요량에 대해서 검토를 해야만 하겠습니다.

기관장 알았습니다, 선장님. 여기서부터 Singapore까지의 항해 연료가 얼마나 필요한지 계산하겠습니다.

선 장 예, 그것이 순서이겠습니다. 기관장님, 거리와 속력 등의 계산에 필요한 정보는 이항상에게 지시하였으니, 계산이 끝나는 대로 알려 드리겠습니다.

기관장 예, 동시에 금번 항해의 안전여유량(Safe margin)을 결정해야만 합니다.

선 장 연료의 평균이 안전여유량(average safe margin)은 어느 정도입니까?

기관장 통상출력(at normal power)으로서 3일간의 항해량입니다.

Captain Hum. . . 3 days? Do you think it's sufficient?

Chief Engineer Yes. I do. Unless we have a special situation. To de-cide the exact amount for oil supply at L.A., we have to consider whether it's possible to get the supply in Karachi.

Captain I see. For that, I'll confirm with the head office.

Chief Engineer Any other instructions or advice for calculation of fuel consumption from the head office?

Captain Nothing in particular. That's all. Just, let me know the estimated balance as of our arrival at L.A., and the supply needed there.

Chief Engineer All right, sir.

Captain Regarding that, I'll send a cable to our agent in L.A. They will arrange for it in advance.

Scene 2 **In the chief engineer' s office, chief engineer, 2nd engineer and bunker supplier have a meeting.**

Bunker Supplier Good morning. I'm from Shell Oil in L.A.

Chief Engineer Good morning. I am the chief engineer.

Bunker Supplier Through your agent, you ordered 1,000 tons of I.F.O. and 200 tons of M.D.O?

Chief Engineer That's right. By the way, will you show me the specifications of the bunker?

Bunker Supplier Here you are. Check it and sign here, please.

Chief Engineer Good. It's O.K..

Bunker Supplier Do you have a space enough to hold it? I.F.O. is heated at 110F.

선　장　음. 3일간의 소요량입니까? 그것으로 충분하다고 생각하십니까?

기관장　예, 그렇습니다. 특별히 고려해야 할 상황이 없이 말입니다. L.A.에서의 확실한 연료적재량을 결정하는 데는 Karachi에서 기름을 받을 것인지 아닌지를 고려할 필요가 있습니다.

선　장　예, 알았습니다. 그것에 관해서는 본사에 전보로 확인해보지요.

기관장　그 외에 본사로부터 연료량 계산에 필요한 지시나 충고는 없었습니까?

선　장　예, 달리 없었습니다. 말씀 드린 것이 전부였습니다. 그러니까, L.A. 도착일 현재의 추정잔류량과 L.A.에서의 적재량을 계산해서 알려 주십시오.

기관장　예, 잘 알겠습니다.

선　장　그것에 관해서 L.A.의 대리점에 전보를 내겠습니다. 그러면 미리 수배가 되겠지요.

장 면 2　**기관장 사무실에서 기관장, 2기사 그리고 유류상이 만나고 있습니다.**

유류상　안녕하십니까? Shell 석유 L.A. 지점에서 왔습니다.

기관장　안녕하십니까? 기관장입니다.

유류상　대리점을 통해서 I.F.O. 1,000톤과 M.D.O. 200톤을 청구하셨다고 알고 있습니다.

기관장　그렇습니다. 그런데 기름의 성상표를 보여 주시겠습니까?

유류상　여기 있습니다. 보시고, 여기에 서명하여 주십시오.

기관장　예, 좋습니다.

유류상　장소는 충분합니까? I.F.O.는 화씨 100°로 가열되어 있습니다.

Chief Engineer Yes. We have a space for that amount. How did you carry it, on a quay or on a barge?

Bunker Supplier On a barge.

Chief Engineer How many tons can you pump an hour?

Bunker Supplier 150 tons per hour.

Chief Engineer How about 200 tons?

Bunker Supplier No. It's impossible. We need around 8 hours. That's the pumping capacity limit. Have you closed the scupper?

Chief Engineer I'll check it again and let you know.

Bunker Supplier The barge is alongside. Won't you come to the sounding?

Chief Engineer The 2nd engineer will be there. 2nd engineer, though the sea condition are calm, the barge suffers a little rolling, so you'd better measure 3 times for each tank and draw the average.

2nd Engineer All right, sir.

Bunker Supplier Yes. It's better. And the final amount should be kept at the present temperature.

Chief Engineer 2nd Engineer, what's the outcome of the sounding?

2nd Engineer 1,003 tons for I.F.O. and 201 tons for M.D.O, sir.

Chief Engineer Well Good. We checked the amount. Now, connect the hose for supply. Lead him to the flange.

2nd Engineer Yes, sir. Would you follow me?

Chief Engineer Before you start bunkering, I think it is better to put the fuel oil treatment into the tank first. What do you think?

Bunker Supplier No problem. We'll take care of it. We'll put it into the tank first.

Chief Engineer Show him the F.O.T. and check the scupper again. To prepare for any case of oil leakage, get ready with the oil fence and the oil spill remover. When the hose connection is completed, tell me.

기관장	예, 그 양에 충분한 장소가 있습니다. 안벽(부두)으로 혹은 부선으로 실겠습니까?
유류상	부선으로 가져 오겠습니다.
기관장	1시간당 몇 톤 정도 펌핑할 수 있습니까?
유류상	시간당 150톤 입니다.
기관장	시간당 200톤은 보낼 수 없습니까?
유류상	아니, 그렇게는 못합니다. 약 8시간이 걸립니다만, 이것이 펌프용량의 한도입니다. 본선의 스커퍼를 막아 두었습니까?
기관장	다시 조사해 보고 알려 드리겠습니다.
유류상	부선이 막 접현했나 봅니다. 사운딩에 입회하시죠.
기관장	2기사가 사운딩에 입회할 것입니다. 2기사 해면상태는 좋은 편이지만, 부선은 다소 흔들림이 있을 것이니까 각 탱크를 3번씩 계측해서 그의 평균값을 취하는 것이 좋을 것 같애.
2기사	예, 알았습니다.
유류상	예, 그것이 좋을 것 같습니다. 그리고 최종량은 필히 현재의 유온으로 보정해야 되겠지요.
기관장	2기사, 사운딩 결과는 어떻드냐?
2기사	I.F.O.는 1,003톤 M.D.O. 201톤입니다.
기관장	그래. 좋습니다. 양을 확인했습니다. 그러면 적재용 호스를 연결해 주십시오. 본선의 플랜지를 안내해 주지.
2기사	예, 알겠습니다. 저를 따라 오십시오.
기관장	Bunker를 시작하기 전에 부선의 탱크에 조연제(Fuel oil treatment)를 투입하는 것이 좋겠는데 어떻습니까?
유류상	별문제 없습니다. 우리에게 맡겨 주십시오. 우리가 탱크에 투입하지요.
기관장	F.O.T.를 주도록 하지. 그리고 본선의 스커퍼를 다시 한번 확인해 보고, 유류출시를 대비해서 Oil fence에 Oil spill remover를 준비해 놓고, House connection이 끝나면 나에게 연락해 주도록 하시오.

2nd Engineer All right, sir.

Bunker Supplier Will you give us the signal to stop bunkering, or shall I do it on the barge.

2nd Engineer Do it on the barge. Our tank capacity is sufficient. When an accident occurs, can I order it to stop?

Bunker Supplier Sure. We can do it at any time on the barge.

2nd Engineer If I Want it stopped, Who should I tell?

Bunker Supplier I'll post one man for that duty near the hose. So you can tell him.

Bunker Supplier Flange size is 10 inches. Our flange is 8 inches in size. Do you have any reducer for the 10 inches to 8 inches?

2nd Engineer Yes, we have. This ship is VLCC, so we need a reducer for most of the barges.

2nd Engineer Fasten the hose coupling tightly.

Barge O.K. Are you ready?

2nd Engineer Yes. All valves are open and we are ready. Now, start with M.D.O.

Barge O.K. You want diesel oil first?

2nd Engineer Sure, start slowly.

Barge O.K. Now, here it goes!

2nd Engineer Hum. . . I can here the oil leaking. Stop! Oil is spilling from the flange a little! Fasten it again!

Worker on Barge Now, it'll be O.K.

2nd Engineer Well, let's start again. Yes. It's good this time. Now, raise it up to 150 tons slowly.

Barge Now, we are finished with the diesel oil. Shall we start with the I.F.O.?

2 기 사	예, 알겠습니다.
급 유 상	본선에서 급유중지를 신호하시겠습니까? 아니면 제가 부선에서 중지하도록 할까요?
2 기 사	부선에서 하십시오. 본선의 Tank capacity는 충분하니까, 만약 본선에서 돌발적인 사고가 일어났을 때에 중지하도록 명령해도 되겠습니까?
유 류 상	예, 부선측에서는 언제든지 할 수 있습니다.
2 기 사	만약, 제가 원할 때는 급유중지를 누구에게 말하면 됩니까?
유 류 상	한 사람을 항상 Hose 부근에서 당직을 서게 하겠으니 그 사람에게 말하십시오.
유 류 상	Flange size가 10인치이군요. 우리측 Hose flange는 8인치인데 혹시 10인치~8인치 Reducer가 있습니까?
2 기 사	예, 있습니다. 본선이 Very large crude carrier이니까 대부분의 부선에는 Reducer가 필요하지요.
2 기 사	Hose coupling을 단단히 죄어요.
부 선	좋아. 됐어. 본선측은 준비가 다 됐소?
2 기 사	예, 모든 밸브 열려 있고 준비 완료 됐소. 그러면 M.D.O부터 시작해 주시오.
부 선	예, Diesel oil을 먼저요?
2 기 사	예, 시작할 때는 아주 천천히 시작하시오.
2 기 사	O.K. 자아 갑니다.
2 기 사	음, 기름이 파이프 내를 흐르는 소리가 들리는구나. Stop. 기름이 프랜지에서 조금 새고 있소. 다시 조이도록 하시오.
부선측 인부	이제 괜찮을 거요.
2 기 사	자아 다시 시작하지. 응 이번에는 좋았어. 자아 시간당 150톤의 양까지 서서히 올리도록 하시오.
부 선	자아 이제 Diesel oil이 끝났습니다. I.F.O.를 올리기 시작할까요?

2nd Engineer	Wait about 5 minutes. We have to change the tank. Good. Ready. Start the I.F.O.!
Barge	O.K. Now comes fuel oil!
2nd Engineer	Stop for a minute! We'll change to another tank.
Barge	O.K.
2nd Engineer	Raise it to the maximum pumping rate. And near the end, slow it down again.
2nd Engineer	What's the balance?
Barge	We have more than 500 tons.
2nd Engineer	What's the pumping rate an hour now?
Barge	130 tons per hour.
2nd Engineer	Raise it to 150 tons.
Barge	All right.
Barge	Now, we are coming to the end. Never shut the valve before air blowing?
2nd Engineer	Don't worry. I am not a beginner.
Barge	Now, it's finished. I will blow the air
2nd Engineer	Good.
Barge	Finished. Can we separate the hose?
2nd Engineer	Make sure not to spill the oil.
Bunker Supplier	Chief engineer, we've finished bunkering.
Chief Engineer	Wait a moment. Our 2nd engineer is measuring the amount.
Bunker Supplier	Where are you headed?
Chief Engineer	We are going to Singapore the morning after tomorrow.
2nd Engineer	Sir, I finished the measuring.
Bunker Supplier	You checked the amount?

2 기 사　한 5분쯤 기다리시오. 탱크를 바꿔야 되니깐. 좋아. 준비됐다. I.F.O. Starting하시오.

부　선　예, Full oil 갑니다.

2 기 사　잠시 Stop해 주시오. 다른 탱크로 교환할까 합니다.

부　선　좋아.

2 기 사　최대펌핑량(Maximum pumping rate)으로 올리시오. 그리고 끝날 때가 되어가면 Slow로 해 주시오.

2 기 사　지금 얼마나 남았습니까?

부　선　아직 500톤 이상이 남은 것 같습니다.

2 기 사　지금 시간당 얼마나 들어오고 있습니까?

부　선　시간당 130톤 정도 됩니다.

2 기 사　150톤 정도로 올려주시오.

부　선　예, 알겠습니다.

부　선　거의 다 끝나갑니다. Air blowing을 하기 전에 본선 밸브를 잠그지 않도록 하시오.

2 기 사　걱정 마시오. 2기사 일이 처음은 아니오.

부　선　전부 다 끝냈소. 공기로 불겠소.

2 기 사　좋아.

부　선　다됐소. 지금 호스를 떼 내어도 되겠소.

2 기 사　기름을 흘리지 않도록 주의하시오.

유 류 상　기관장님 연료유 적재가 끝났습니다.

기 관 장　잠시 기다려 주시오. 지금 2기사가 적재량을 계산하고 있소.

유 류 상　본선은 언제 어디로 향해서 출발합니까?

기 관 장　모레 아침 Singapore를 향해서 출발합니다.

2 기 사　기관장님, 적재량을 계산했습니다.

유 류 상　적재량, 확인이 되었습니까?

Chief Engineer By our measure, it's correct for the M.D.O. but 25 tons short for the I.F.O.. Isn't that strange?

Bunker Supplier By no means. We confirmed it on shore before carrying it on the barge. I don't think there are any mistakes with our meter on shore. Have you ever corrected the trim and heeling of this ship?

Chief Engineer Of course we have. We also corrected the temperature coefficient, trim and heeling. When did you correct your meter on the shore?

Bunker Supplier I can't tell you until I check back to my office, but we have bunkered many ships and nothing has happened like this.

Chief Engineer We have not had such a thing, either. And we checked it repeatedly many times.

Bunker Supplier If you don't sign the receipt, it may be trouble.

Chief Engineer Well, then, I'll sign after correcting the I.F.O. to 975 tons.

Bunker Supplier Hardly! Didn't you checked it already by sounding before bunkering?

Chief Engineer Anyway we have a shortage. Now, what about this: Leave the number 1,000 tons untouched, and add a remark reading, "By our measure, we received 975 tons, and necessary to check meter. So the exact amount shall be rechecked after inspection is made on the meter and tank on the barge."

Bunker Supplier Agreed. Can I have the sounding data of this ship?

Chief Engineer Sure. I will give this one in square. Now, it is signed.

Bunker Supplier Very well. I am sorry for the unsatisfactory results. Bon voyage.

Chief Engineer Thank you.

기관장　본선의 계산으로는 M.D.O.는 정확하나 I.F.O.는 25톤이 부족합니다. 이상하지 않습니까?

유류상　그럴리가 있습니까? 부선에 싣기 전에 육상의 계량기로 확인했습니다. 육상의 계량기에 착오가 있다고는 생각지 않습니다. 본선의 트림과 힐링을 수정했습니까?

기관장　물론이죠. 온도의 환산과 트림, 힐링도 수정 다 됐습니다. 육상의 계량기는 언제 수정됐습니까?

유류상　돌아가서 검사하기 전까지는 말할 수 없으나 지금까지 많은 선박을 보유해 왔고 이 같은 사고는 없었습니다.

기관장　본선 역시 이 같은 사고는 없었고, 몇 번이나 다시 확인해 본 양입니다.

유류상　영수증에 성명하여 주시지 않으면 곤란한데요.

기관장　그러면 I.F.O.양을 975톤으로 정정하고 나서 서명하겠습니다.

유류상　곤란한데요. Bunkering하기 전에 Sounding으로 확인해 보시지 않았습니까?

기관장　아무튼 부족합니다.

그럼 이렇게 하면 어떻소. 1,000톤의 숫자는 그래도 두고, "본선계측으로서는 975톤을 수령하였으나 계량기를 검사할 필요가 있으며, 정확한 양은 계량기와 부선측 탱크의 조사가 있은 후 확인되어야 함"이라고 Remark를 집어 넣으면 말이오.

유류상　그렇게 하지요. 본선의 사운딩 Data를 얻을 수 있겠습니까?

기관장　예, 당장 정서하여 드리지요. 자, 서명했습니다.

유류상　좋습니다. 이 결말에 대하여 만족을 드리지 못하여 죄송합니다. 안전 항해를 빕니다.

기관장　수고 많았습니다.

Unit 10

Consumables of engine part and supply of lubricating oil

Section 1. Parts supply(부품보급)

Section 2. Supply of consumables(소모품보급)

Section 3. Supply of lubricating oil(윤활유보급)

Section 4. After supplying consumables(소모품 보급을 받고 나서)

Section 1

PARTS SUPPLY

Chief Engineer Are you finished with the captain?

Agent Yes. Anything I can help you with?

Chief Engineer I guess some spare parts have arrived from Korea by air. Any information?

Agent I came straight from home this morning. The mail I brought here is all I collected last evening when I left the office. Didn't you find the package you were exp-ecting among them?

Chief Engineer No. Nothing. It's a big size.

Agent I will check as soon as I am back to the office. Maybe it will have arrived by the time that I get back

Chief Engineer According to the cable, they sent it the 10th of this month. I thought it had already arrived here.

Agent If they sent it on the 10th, it should have arrived by now. Anyway we will be back to check it. Can you tell me about the shape and size?

Chief Engineer They are the discharge valve and shaft seal of the refrigerating machine. The size may vary according to packing, but the contents are the same size with that flowerpot

Agent I see. I'll check and let you know right away.

Chief Engineer Thank you. We are planning to repair the compressor for two days in this port.

Agent (Telephone communication) I see.

Chief Engineer Hello.

부품 보급

기 관 장　선장님과 업무는 마쳤습니까?

대리점원　예, 마쳤습니다. 도와드릴 일이 있습니까?

기 관 장　한국으로부터 항공편으로 예비품이 도착했을 것입니다. 무엇인가 들으신 말씀은 없으신가요?

대리점원　나는 오늘 아침 자택에서 본선으로 바로 나왔습니다. 방금 가져 온 우편물은 어저께 저녁에 사무실을 떠날 때까지 받은 것의 전부입니다. 그 속에 기대하는 소포가 없었던가요?

기 관 장　예, 없었습니다. 그것은 덩치가 큰 것인데요.

대리점원　사무실에 도착하자마자 곧 조사해 보겠습니다. 이 시각까지 도착해 있을 것입니다.

기 관 장　전보로는 이달 10일에 발송했다고 통보했으니까요, 지금쯤은 도착해 있을 것이리라 생각했습니다.

대리점원　10일에 발송되었다면 지금쯤은 도착하지요. 아무튼 돌아가서 조사하지요. 어떤 모양이고, 얼마나 큰 것인지 말씀해 주십시오.

기 관 장　냉동기 압축기의 토출밸브와 Shaft seal입니다. 소포의 크기는 포장방법에 따라 다르겠지만, 내용물만 저기 작은 화분 정도는 되리라 생각합니다.

대리점원　예, 알겠습니다. 조사해 보고 당장 알려 드리겠습니다.

기 관 장　감사합니다. 이 항구에서 이틀 동안 예비품으로 냉동기 압축기를 수리할 예정이었습니다.

대리점원　(전화 통화) 알겠습니다.

기 관 장　여보세요.

Agent	Hello. Is this the chief engineer?
Chief Engineer	Speaking.
Agent	The spare parts you talked about arrived at my office this morning. We will take it to the ship tomorrow morning.
Chief Engineer	It's just 2 p.m. if you have nothing in particular we will bring it within today? You know, we are in a little hurry.
Agent	I see. O.K. I am coming right away.
Chief Engineer	Thank you very much. I will be waiting for you.
Agent	I'll be there in 30 minutes.
Chief Engineer	Thanks, again.

대리점원　여보세요. 기관장님이십니까?

기 관 장　예, 기관장입니다.

대리점원　저에게 말씀하신 부품은 오늘 아침 우리 사무실로 도착했습니다. 내일 아침 본선으로 가져 가겠습니다.

기 관 장　아직 오후 두 시밖에 안됐으니깐 별일 없으시다면 오늘 중으로 받았으면 합니다. 본선 사정이 좀 바쁩니다.

대리점원　아, 그렇습니까? 예, 알겠습니다. 당장 본선으로 가지고 가겠습니다.

기 관 장　대단히 감사합니다. 지금 기다리겠습니다.

대리점원　30분 이내에 그곳으로 가겠습니다.

기 관 장　부탁드립니다.

Section 2

SUPPLY OF CONSUMABLES

Agent	You must be the chief engineer? I am from the agency. How are you?
Chief Engineer	I am the chief engineer. How are you?
Agent	According to the cable I got before the ship's arrival, you needed some emergency supplies?
Chief Engineer	Aren't they ready yet?
Agent	I couldn't figure out exactly what it was by cable, so it's not ready yet.
Chief Engineer	We need 3-inch galvanized pipe. We are having severe a leakage in the fresh water line on deck and need it since we have none on board.
Agent	How many do you need?
Chief Engineer	Five 3-inch pipes and about 15 flanges.
Agent	You need that many?
Chief Engineer	We have more spots with possible leaks in the future. So we'd like to use this chance to exchange all suspected spots. And we'd also like to recharge 10 oxygen and 5 acetylene bottles.
Agent	I see. But I am not sure if I can get galvanized pipes?
Chief Engineer	Well, what about in Kuala Lumpur?
Agent	Yes. We can find it in Kuala Lumpur. Anyway, I'll look around and if I can't, we will try in Kuala Lumpur.

소모품 보급

대리점원 기관장이시죠? 대리점입니다.
안녕하십니까?

기 관 장 그렇습니다. 반갑습니다.

대리점원 본선이 입항하기 전에 저에게 도착한 전보에 의하면 무엇인가 급히 보급해야 할 물건이 있는 듯합니다.

대리점원 아직 수배되지 않았습니까?

대리점원 그 전보로는 분명히 알 수 없었기 때문에 아직 수배되지 않았습니다.

기 관 장 3인치 짜리 Galvanizing된 파이프입니다. 갑판의 청수라인 누설이 심하지만 본선에 3인치짜리 파이프가 없습니다.

대리점원 얼마나 필요하십니까?

기 관 장 3인치짜리 파이프 5개와 플랜지가 15개 정도 필요합니다.

대리점원 그렇게 많이 필요하십니까?

기 관 장 예, 앞으로 누설 가능성이 있는 곳이 상당히 많습니다. 차제에 누설의 가능성이 있는 곳은 전부 교체했으면 합니다. 그리고 산소 10병과 아세틸렌 5병을 Recharging하였으면 합니다.

대리점원 잘 알겠습니다. 하지만 아연도금(Galvanizing)된 파이프가 있을지 모르겠습니다.

기 관 장 설마, Kuala Lumpur에서 없지는 않겠지요.

대리점원 예, Kuala Lumpur에서는 입수할 수 있겠습니다. 아무튼 이곳에서 한번 찾아보고 없으면 Kuala Lumpur에서 찾아보도록 하겠습니다.

Chief Engineer If you can't find it, any nongalvanized pipe can do, but as far as possible, we need the galvanized one.

Agent I see. I will do my best to get the galvanized pipe.

Chief Engineer Thank you. As you know, we depart tomorrow afternoon.

Agent I know that already.

기 관 장　　만약 없으면 아연도금(Galvanizing)된 파이프가 아니라도 무방합니다. 다만, 될 수 있으면 아연도금(Galvanizing)된 파이프가 좋겠습니다.

대리점원　　알겠습니다. 될 수 있는 대로 아연도금(Galvanizing)된 파이프를 찾아 보도록 하겠습니다.

기 관 장　　예, 부탁드립니다. 아시는 바와 같이 본선은 내일 오후에 출항합니다.

대리점원　　예, 알고 있습니다.

Section 3

SUPPLY OF LUBRICATING OIL

Chief Engineer	Are you from the agency.
Agent	Yes, I am.
Chief Engineer	I called you because we need lubricating oil urgently.
Agent	We arranged for it. It was Gulf Oil?
Chief Engineer	Right.
Agent	At 1 p.m, tomorrow, the system oil is scheduled to arrive by truck and the hydraulic oil will be loaded into the drum on a truck. How is that?
Chief Engineer	Considering our repairing schedule, the sooner, the better. We have a leak in high pressure pipe of the #3 winch.
Agent	No oil spill on the surface?
Chief Engineer	No oil spill, but most of the hydraulic oil has leaked. Now we have no oil margin on board.
Agent	You've got a stroke of bad luck amid the misfortune. The oil company schedules full today, and they can't change it. But I'll try once again.
Agent	They can't change the schedule, but as promised, they will make it tomorrow morning.
Chief Engineer	That's O.K. Maybe we'll not experience the same thing twice in a day. During night work, I have to tell the foreman to avoid excessive work, and post duty on the deck to pay attention to the oil pressure pipe.
Agent	How old is this ship?

윤활유 보급

기 관 장　대리점에서 오셨습니까?

대리점원　그렇습니다.

기 관 장　윤활유가 급해서 전화를 했습니다.

대리점원　수배를 했습니다. Gulf oil이었지요?

기 관 장　그렇습니다.

대리점원　내일 오후 1시에 System oil이 트럭으로 올 것이며 Hydraulic oil은 트럭에 의해서 드럼으로 적재될 예정입니다. 본선의 형편으로는 어떻습니까?

기 관 장　정비작업의 예정으로 보아서는 빠를수록 좋습니다. 오늘 오후 3번 윈치 고압파이프의 누설이 있습니다.

대리점원　해면으로 Oil spill이 일어나지는 않았습니까?

기 관 장　Oil spill은 없었지만, 대부분은 Hydraulic oil이 누출되었습니다. 그래서 지금 본선에서는 여분의 Oil이 조금도 없습니다.

대리점원　설상가상이군요. 저쪽 Oil company의 사정으로서는 오늘은 예정이 꽉 차있답니다. 아마 변경할 수 없으리라 생각합니다만, 다시 한 번 알아보겠습니다.

대리점원　변경은 할 수 없으나, 처음 예정했던 대로 내일 오전은 틀림이 없다고 합니다.

기 관 장　좋습니다. 설마 오늘 중으로 두 번 같은 일이 생기지는 않겠지요. 그리고 야간작업 중에는 Foreman에게 이야기하여 무리하지 않도록 할 것이며, 유압 파이프에 신경을 쓰도록 당직을 갑판에 세워야겠군.

대리점원　본선의 선령은 얼마나 되었습니까?

Chief Engineer 15 years.

Agent Pretty old.

Chief Engineer But I became intimate with this ship. Starting from 1st engineer, I served as chief-engineer for the first time in my life and for the second time. I am now working for 5 years on this ship.

Agent Every bit it has your marked on it.

Chief Engineer Not exactly. However, as much attention as I might pay, there are still some blanks.

Agent They must be happy it has met such a great man like you.

Chief Engineer Thank you. Well, we'll not have much trouble to load the drums as freeboard is not too high, anyway, I'll get notice to everybody to get well prepared. Hope you tell the company to prepare those hoses sufficiently and notify them of our filling pipe flange which is 4 inches wide.

Agent All right. I'll do it.

기 관 장 15년입니다.

대리점원 꽤 오래 되었군요.

기 관 장 그러나 나는 이 배에 정이 들었습니다. 1기사 때부터 시작해서 처음 이 배에서 기관장을 했고, 그 후 또 다시 두 번 지금 5년째 이 배에 근무하고 있습니다.

대리점원 기관장님의 손 때가 안 간 곳이 없겠군요.

기 관 장 그렇지는 않습니다. 아무리 미리 신경을 써도 못미치는 곳이 있습니다.

대리점원 이 배는 행복하겠군요. 기관장님과 같은 분을 만나서 말입니다.

기 관 장 감사합니다. 아무튼 내일 아침에는 그렇게 늦지 않겠으니 드럼을 탑재하는 데 어려움이 없으리라 생각되지만, 미리 충분한 준비를 하도록 일러두겠습니다. 저쪽에도 충분한 Hose를 준비하도록 일러두고 본선 Filling 파이프 Flange가 4인치임을 알려주시기 바랍니다.

대리점원 알겠습니다. 그렇게 말하겠습니다.

Section 4

AFTER SUPPLYING CONSUMABLES

Ship Candler I am from the consumables company.

1st Engineer Nice to meet you. I am first engineer. Have you met the chief engineer?

Ship Candler Yes, I have. I told him I brought the consumables as you requested, and he told me to talk with you for confirmation.

1st Engineer Are all items ready?

Ship Candler No. UM-2 battery is not ready yet, and 400W mercury lamp will arrive at the ship around 4 this afternoon.

1st Engineer Can't you get a UM-2 battery?

Ship Candler Yes we can, but as you nominated the maker, we have some difficulties to get the right one. As you know, it is imported goods.

1st Engineer It's my first visit here, but don't you think the maker is credible?

Ship Candler Not exactly. You can trust the local product, and it is also possible that it may discharge during long periods of storage.

1st Engineer With complete isolation at both poles, it doesn't discharge so easily. Anyway. Please try find one.

Ship Chandler All right. I will do my best to find and supply according to your request. It's our motto.

1st Engineer Thank you.

Ship Chandler As it's a huge amount, we need your derrick. We prepared the net sling.

소모품을 보급받고 나서

선용품상　선용품회사에서 왔습니다.

1기사　아, 그렇습니까? 1기사입니다.
기관장님한테는 다녀왔습니까?

선용품상　예, 다녀 왔습니다. 청구하신 선용품에 대해 말씀을 드렸더니 1기사님에게 말씀 드리고 확인을 받아오라고 하셨습니다.

1기사　청구한 모든 물건이 들어 왔습니까?

선용품상　아닙니다. UM-2 건전지가 수배되지 않았습니다. 그리고 400W 수은램프는 오늘 오후쯤 본선에 도착될 예정입니다.

1기사　UM-2 건전지가 없었습니까?

선용품상　아닙니다. Maker를 지정해 주셨기 때문에 구하느라고 애를 먹고 있습니다. 사실 그 물건은 이곳에서는 수입품이기 때문입니다.

1기사　사실 나는 이곳이 처음이고, 그 Maker는 믿을만하지 않습니까?

선용품상　그렇지는 않습니다. 이곳 제품도 믿을 수 있고, 그 물건이 오히려 장기 저장에 있어서 방전될 가능성이 있다고 볼 수 있습니다.

1기사　양극에 절연만 완전히 되어 있다면, 쉽게 방전은 되지 않습니다. 아무튼 구해 주셨으면 합니다.

선용품상　잘 알겠습니다. 최대로 노력하여 구하고자 하는 물건을 공급하도록 해 보겠습니다. 그것이 저희 사명(Motto)입니다.

1기사　부탁 드립니다.

선용품상　상당히 많은 양이기 때문에 본선의 Derrick을 사용해야겠습니다.
Net sling은 저희들이 준비를 해왔습니다.

1st Engineer I see. Our winch is a steam winch. So we have to wait for at least 30 minutes till warming.

Ship Chandler That's O.K.

1st Engineer Take a seat. I want to hear about the life here. Would you like something to drink? Coke? Beer?

Ship Chandler I'd like the beer.

1기 사 알겠습니다. 본선 Winch가 Steam winch이기 때문에 Warming이 되려면 30분 정도는 기다려야 합니다.

선용품상 좋습니다.

1기 사 앉으시지요. 잠시 이곳 사람들 사는 얘기나 들려주도록 하지요. 마실 거라도 한 잔 하시겠습니까? 콜라? 맥주?

선용품상 맥주를 한 잔 주십시오.

Unit 11

Going ashore

Section 1. Overseas call(국제전화)

Section 2. POST OFFICE(우체국)

Section 3. SHOPPING(AT THE WATCHSTORE)(쇼핑(시계점에서))

Section 4. Restaurant(식당)

Section 5. Drinking at the bar(술집에서 한잔)

Section 6. Taking a taxi(택시잡기)

Section 7. Asking direction for a bus(버스를 타면서 길을 물을 때)

Section 1

OVERSEAS CALL

Operator	Hello. Go ahead, please.
KIM	Hello, ma'am. I'd like to make a collect call to Seoul?
Operator	Your number, please.
KIM	Seoul (2) 505-5000.
Operator	Your name, please.
KIM	Kim, K-I-M.
Operator	Who do you want to talk with?
KIM	Mrs. Song.
Operator	O.K. Hold on, please.
Operator	This is a collect call from Mr. Kim in America to Mrs. Song. Will you accept the charge?
Mrs. Song	Yes. I will.
Operator	Mr. Kim, You are on the line. Go ahead, please.
KIM	Yeboseyo, Dangsin-iyo?

국제전화

미국에서 IDDD가 아니고, 교환원을 통한 수취인 지불전화를 신청할 때

교 환 원 여보세요, 말씀하세요.

김 안녕하세요, 서울에 국제전화 콜렉트 콜을 부탁합니다.

교 환 원 몇 번입니까?

김 서울 2에 505-5000번입니다.

교 환 원 당신 성함은요?

김 김입니다. 철자는 K-I-M.

교 환 원 상대자 성함은 누구십니까?

김 Mrs. Song입니다.

교 환 원 예, 알겠습니다. 끊지 말고 기다려 주세요.

교 환 원 미국입니다. Mr. Kim으로부터 Mrs. Song에게 거는 콜렉트 콜입니다. 요금을 지불하시겠습니까?

송 예, 전화 받겠습니다.

교 환 원 Mr. Kim, 통화하세요.

김 여보세요, 당신이요?

Section 2

POST OFFICE

KIM	Good morning. Two 20 cents stamps, One 40 cents stamp and three aerograms, please.
Officer	Here you are. A dollar forty-two cents.
KIM	Here you are.
Officer	Thank you. Here is your change.
KIM	And, I'd like to mail a package to Korea.
Officer	By air or sea?
KIM	May I have the fare and time for each?
Officer	Well, first let me check the weight.
KIM	I'll bring it tomorrow. I just want to know it.
Officer	Fares are varied by services such as registered mail or express mail etc.
KIM	Thank you. See you tomorrow.
Officer	Bye.

우체국

김　안녕하세요. 20센트짜리 우표 2장과 4센트짜리 1장, 그리고 항공봉함엽서 3장만 주세요.

직원　여기 있습니다. 총계 1불 42센트입니다.

김　여기 있습니다.

직원　자, 거스름돈입니다.

김　그리고, 소포를 하나 한국에 부치려고 합니다만.

직원　항공, 선편? 어느쪽으로 하실 것 입니까?

김　각각 걸리는 시간과 요금은 얼마입니까?

직원　일단 무게를 달아봅시다.

김　아, 소포는 내일 가지고 오겠습니다. 오늘은 단지 물어 보고 싶었습니다.

직원　배달방법도 등기, 속달 등의 종류가 있어 가격도 차이가 있습니다.

김　예, 감사합니다. 그럼 내일 뵙겠습니다.

직원　안녕히 가세요.

Section 3

SHOPPING(AT THE WATCHSTORE)

KIM Good morning.

Clerk Good morning, sir. Can I help you?

KIM Well, I'll take a look, first.

Clerk We have a variety of high quality watches.
Please choose a good one.

KIM How much is this?

Clerk One hundred-ten dollars.

KIM Too expensive. Can I have a discount?

Clerk Sorry, sir. We are selling at market prices, so there is no discount.

KIM Good. I'll take this Wrap it for a gift. I'll pay cash.

- Next day-

KIM I want a refund.

Clerk Any problem, sir?

KIM It doesn't work well. So I want to change it for another one.

Clerk All right, sir. Have a look, please.

KIM Yes. This one.

Clerk Sir, now you've got a perfect one.

KIM I think so, too. How much?

Clerk Twenty-five dollars and 25 cents.

KIM Here you are.

Clerk Your changes and receipt, sir.

KIM Thank you.

쇼핑(시계점에서)

김	실례합니다.
점 원	안녕하세요, 도와드릴까요?
김	일단 구경 좀 하겠습니다.
점 원	좋은 물건이 많이 있으므로 좋은 것을 고르도록 하세요.
김	이 시계 얼마죠?
점 원	110달러 입니다.
김	너무 비싼데 에누리 좀 안됩니까?
점 원	죄송하지만, 저희들은 정찰가격이므로 할인판매는 안됩니다.
김	좋아요, 이것으로 하겠습니다. 선물용으로 포장해 주세요. 자, 여기 현금입니다.

- 하루 후 -

김	이것 좀 교환하고 싶은데요,
점 원	문제점이 무엇입니까?
김	제대로 잘 안갑니다. 그래서 이것을 다른 것으로 교환하고 싶습니다.
점 원	예, 알겠습니다. 다른 것을 보세요.
김	아, 이걸로 하겠습니다.
점 원	선생님, 아마 그 시계는 틀림없을 것입니다.
김	저도 당연히 그렇게 생각합니다. 얼마입니까?
점 원	25달러 25센트입니다.
김	여기 있습니다.
점 원	거스름돈과 영수증입니다.
김	감사합니다.

Section 4

RESTAURANT

1. RESERVATION

Clerk Riverside restaurant. Can I help you, sir?

KIM I'd like to make reservations for 5 persons at 6 this evening

Clerk Sorry, sir. All tables are reserved at 6 but, you can have on at 6:30.

KIM Good. Make it at 6:30.

Clerk Thank you, sir. You said 5 people?

KIM Correct.

Clerk Who's making the reservation, sir?

KIM Mr. Kim.

Clerk Can I have your number or address?

KIM I'm the captain of the Korean Trader.

Clerk Thank you, sir.

KIM We'll see you then.

2. ORDERING AT THE RESTAURANT

Waitress Can I help you, sir?

KIM I am Mr. Kim. I made reservations for 6:30.

Waitress Oh! Yes. We have your name on the list. This way, please.

KIM Thank you.

Waitress May I take your order?

KIM I'd like to have vegetable soup and beef-steak.

식당

1. 식당예약

점 원　Riverside 식당입니다. 도와드릴까요?
김　예, 오늘 저녁 6시에 5인용 테이블을 예약하고 싶습니다.
점 원　죄송합니다. 6시에는 모두 예약되었고, 6시 반에는 가능합니다.
김　좋아요, 그럼 6시 반으로 하겠습니다.
점 원　알겠습니다. 일행이 5인이라 하셨죠 ?
김　그렇습니다..
점 원　누구 이름으로 예약을 해드릴까요?
김　Mr. Kim으로 해주세요.
점 원　전화번호 혹은 주소는?
김　그냥 "코리안 트레이더호의 선장"으로 해주세요.
점 원　감사합니다.
김　그럼 그때 뵙겠습니다.

2. 식사주문

웨이트레스　어서오세요, 도와드릴까요?
김　6 시반에 예약한 Mr. Kim입니다.
웨이트레스　아, 예. 여기 있군요, 이쪽으로 오세요.
김　감사합니다.
웨이트레스　주문을 하시겠습니까?
김　야채스프와 비프스테이크를 주세요.

Others	The same for us.
Waitress	How do you like your steak, sir?
KIM	Medium, please.
Others	And well-done for us all.
Waitress	What kind of salad dressing sir?
KIM	Thousand islands, please.
Others	The same for us.
Waitress	And to drink?
KIM	Budweiser beer for us all.
Waitress	Anything else?
KIM	Yes. After the meal, a strawberry sundaes and coffee with milk.
Waitress	Thank you sir.
KIM	Excuse me. Bill, please.
Waitress	Yes, sir. Separate billing, sir?
KIM	No. Make it one.

3. DINNER WITH A FOREIGNER AT A KOREAN RESTAURANT

KIM	(During the dinner with 2 dishes of Bulgogi the Korean restaurant) Help yourself, John.
JOHN	This steak is tender and sweet. What is it?
KIM	It's bulgogi in Korean, a sort of barbecued steak. This is sliced steak mixed whit soy sauce, sugar, wine and other condiments for roasting on a grill over a charcoal fire.
JOHN	Oh, it is? Very delicious.
KIM	Try this. It's barbecued cow rib

사람들	우리들도 같은 것을 해주세요.
웨이트레스	어떻게 구워 드릴까요?
김	저는 적당히 해주세요.
사람들	저희들은 완전히 익혀주세요.
웨이트레스	셀러드 드레싱은 어느 것 으로 하실 것입니까?
김	사우전드 아일랜드가 좋겠습니다.
사람들	저희도 그걸로 하겠습니다.
웨이트레스	그리고 마실 것은?
김	전부 맥주 버드와이저로 주세요.
웨이트레스	그 외 다른 것은 없으신가요?
김	식사 후 딸기 선데 각각 1개씩과 밀크 커피로 주세요.
웨이트레스	감사합니다. 잠시만 기다리세요.
김	웨이트레스! 계산서 부탁합니다.
웨이트레스	네, 따로 하실 것 입니까?
김	아니, 하나로 해주세요.

3. 한국식당에서 외국인과 식사

김	존, 많이 드세요.
존	이 쇠고기는 퍽 연하고 맛이 있는데, 이게 무엇입니까?
김	불고기입니다. 즉, 불에 구운 쇠고기지요. 이것을 쇠고기를 썰어서 간장, 설탕, 술, 그리고 그 밖의 다른 양념을 섞은 것에 무쳤다가 숯불화로 위에 석쇠를 놓고 구운 것 입니다.
존	그래요? 아주 맛있습니다.
김	이 갈비 좀 먹어보세요, 이것은 쇠고기 갈비를 구운 것 입니다.

JOHN	It's better. By the way, what is this stuff looking like paper?
KIM	It's not paper. It's roasted seaweed It's laver.
JOHN	And what looks like jelly?
KIM	That's bean-curd, or tooboo in Korean. First, you grind beans, make it solid, then boil it.
JOHN	This must be produced from beans.
KIM	You're right. It's seasoned bean sprouts.
JOHN	Yes. I heard about this. This is kimchi?
KIM	Right. Try it. Be careful though. It could taste hot.
JOHN	Well, a little hot, but it's good any way
KIM	Is It?
JOHN	Korean food is a lot different from American food, but it all tastes good.
KIM	Glad to hear that.

존	이건 더 좋은데요, 그런데 이 종이같이 얇은 것은 무엇이죠?
김	그건 종이가 아니고 해초를 구운 것입니다. 김이라고 합니다.
존	그리고 저 젤리 같이 생긴 것은요?
김	두부죠, 콩을 갈아서 응고시킨 후 삶은 것이지요.
존	이것은 콩에서 싹터 나온 것이죠?
김	네, 맞습니다. 콩나물 무침이라는 것입니다.
존	이것은 저도 들었는데 김치죠?
김	네, 그렇습니다, 조심하세요 매울지도 모르니,
존	좀 맵네요, 하지만 맛이 좋군요.
김	그렇습니까?
존	한국음식은 미국음식과는 조금 다르군요, 하지만 둘 다 맛있네요.
김	그 말을 들으니 기쁘네요.

Section 5

DRINKING AT THE BAR

Bartender	Welcome. What would you like to drink?
KIM	Scotch on the rocks.
WOO	Gin and Tonic for me. No! On second thought give me a Remy Martin straight
Bartender	All right, sir.
KIM	One more, please.
WOO	Me, too.
Bartender	Sirs, this is free from my good-will.
KIM & WOO	Oh! Thank you.
Bartender	Not at all, sir. You are my good guests.
KIM	Today, we've gotten much,I'll pay.
WOO	Mr. Kim. Good! I'll buy you another one.
KIM	No. Thank you. I'm not a barhopper. It's enough for today.
WOO	All right.
KIM	Here's the money. Keep the change.
Bartender	Thank you very much, sir. Good-bye!

술집에서 한잔

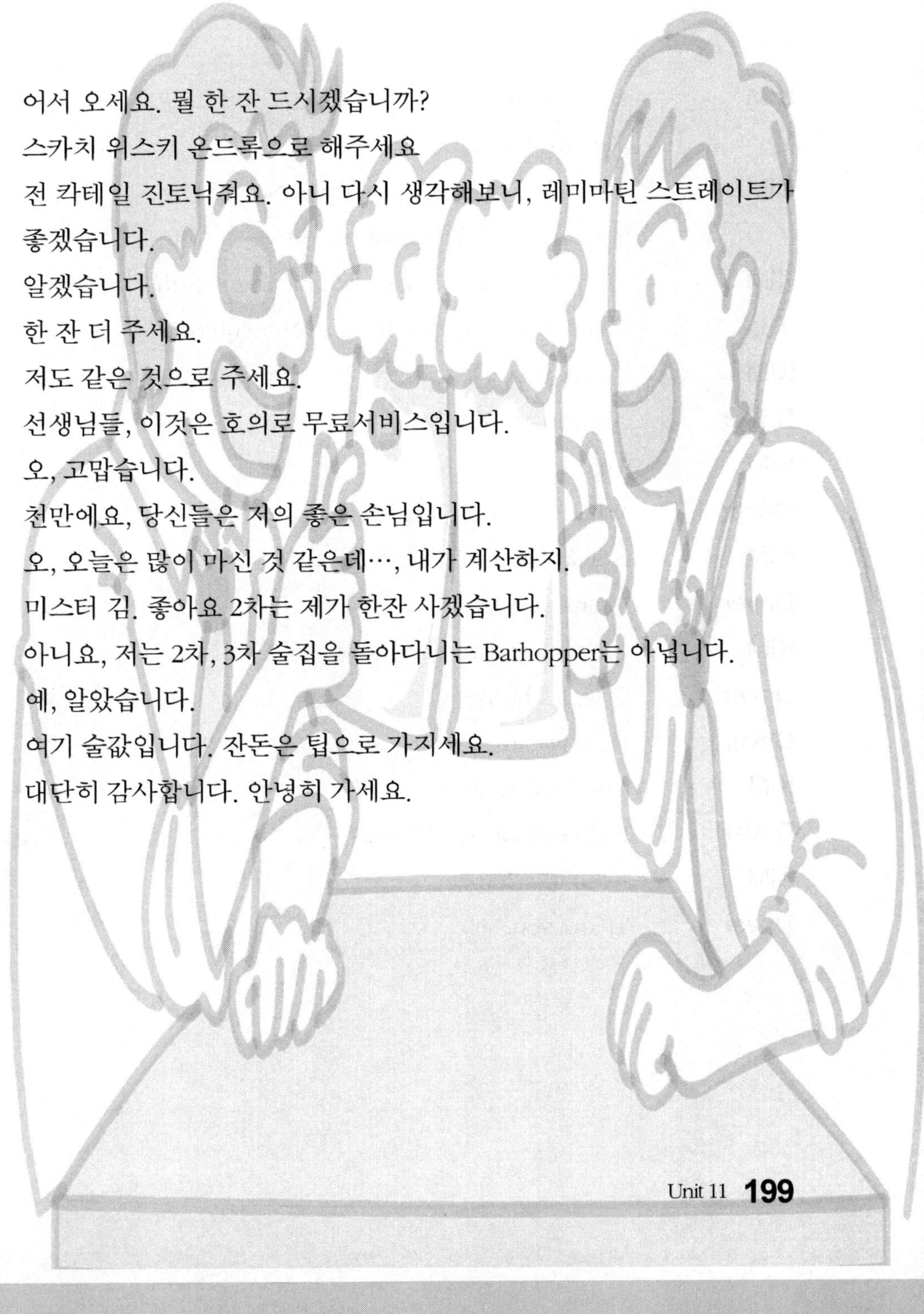

바텐더 어서 오세요. 뭘 한 잔 드시겠습니까?

김 스카치 위스키 온드록으로 해주세요

우 전 칵테일 진토닉줘요. 아니 다시 생각해보니, 레미마틴 스트레이트가 좋겠습니다.

바텐더 알겠습니다.

김 한 잔 더 주세요.

우 저도 같은 것으로 주세요.

바텐더 선생님들, 이것은 호의로 무료서비스입니다.

김&우 오, 고맙습니다.

바텐더 천만에요, 당신들은 저의 좋은 손님입니다.

김 오, 오늘은 많이 마신 것 같은데…, 내가 계산하지.

우 미스터 김. 좋아요 2차는 제가 한잔 사겠습니다.

김 아니요, 저는 2차, 3차 술집을 돌아다니는 Barhopper는 아닙니다.

우 예, 알았습니다.

김 여기 술값입니다. 잔돈은 팁으로 가지세요.

바텐더 대단히 감사합니다. 안녕히 가세요.

Section 6

TAKING A TAXI

KIM	Hello. Is this Yellow cab Taxi?
Y	Yes, we are.
KIM	I'm calling from container pier No. 15.
Y	Your name and destination, please.
KIM	Mr. Kim, Korea Town, Olympic street 3030.
Y	Thank you. We'll be there in 10 minutes.
KIM	Thank you.
Driver	Are you Mr. Kim?
KIM	Yes.
Driver	Where are you going?
KIM	Korea Town.
Driver	Thank you.
KIM	Let's hurry. I'm busy now.
Driver	O.K. I'll hurry.
Driver	Hear we are.
KIM	Yes, How much?
Driver	Eight dollars and 25 cents.
KIM	Keep the change.
Driver	Thank you, sir.

택시잡기

김	여보세요, Yellow cab taxi 회사죠?
Yellow	예, 그렇습니다.
김	여기는 15번 컨테이너 부두입니다.
Yellow	성함은 누구시며, 어디로 가십니까?
김	Mr. Kim이고, 코리아타운 올림픽거리 3030번지에 갑니다.
Yellow	예, 알겠습니다. 약 10분 정도 기다려 주세요.
김	예, 알겠습니다.
운전사	Mr. Kim입니까?
김	네
운전사	어디로 가십니까?
김	코리아타운에 갑니다.
운전사	알겠습니다.
김	지금 바쁩니다. 빨리 좀 갑시다.
운전사	예, 최대로 가겠습니다.
운전사	여기입니다.
김	그렇군요, 얼마입니까?
운전사	8달러 25센트입니다.
김	잔돈은 가지세요
운전사	선생님, 감사합니다.

Section 7

ASKING DIRECTION FOR A BUS

KIM	Excuse me, but would you tell me where is the nearest bus-stop?
American	There it is. Beside that red building.
KIM	Thank you very much.
American	Not at all.
KIM	Could I take bus here for Hollywood?
American	Well, maybe you need to change on main street.
KIM	How often do you have buses to downtown?
American	About every 10 minute.
KIM	I see. Where is City Hall?
American	Near the intersections of main street and 3rd avenue.
KIM	Thanks again.
American	You're welcome.
KIM	One more thing. Where is a good place for shopping.
American	I'm not sure. Maybe sears department store downtown.
Kim	Where is the cross street and the building so I can find it easily?
American	Near Olympic street and 10th avenue. It's gray, 10-story building.
Kim	Thank you very much.
American	You're welcome. Have a nice day. Bye-bye.

버스를 타기 위해 길을 물을 때

김 실례지만, 가장 가까운 버스정류장이 어디입니까?

미국인 저기요, 저 붉은 빌딩 옆입니다.

김 감사합니다.

미국인 천만에요.

김 실례지만, 여기서 할리우드행 버스를 탈 수가 있습니까?

미국인 글쎄요, 아마 메인스트리트에서 버스를 갈아 타야 될 것입니다.

김 이 노선은 시내까지 다니는 버스가 자주 있습니까?

미국인 약 10분 간격입니다.

김 그건 그렇고, 시청은 어디쯤 있습니까?

미국인 메인스트리트와 3가 교차부근입니다.

김 감사합니다.

미국인 천만에요.

김 선생님 한 가지 더 묻고 싶습니다. 쇼핑은 어느 곳이 좋습니까?

미국인 확실히 모르겠습니다. 다운타운쪽 시어즈 백화점쪽으로 가보세요.

김 교차로와 눈에 잘 띄는 건물이 무엇입니까?

미국인 올림픽거리와 10가 부근입니다.
10층의 회색빌딩입니다.

김 예, 대단히 감사합니다.

미국인 천만에요, 재미있게 보내세요.
바이 바이.

Unit 12

Receipt and signing of documents for loading and discharge

Section 1. Departure from L.A.(L.A 출항)

Section 1

DEPARTURE FROM L.A.

Checker Good afternoon, chief.

Chief Officer Good afternoon, Mr. Brown. Come on in.
Have a seat, please.

Checker Thank you.

C/O Well, can I see the loading documents?

Checker Yes. Shall we start with the stowage plan?

C/O Good.

Checker The sample for 1 C/S is marked here on the dotted line and colored red.

C/O Good. But despite the fact that this cargo is bound for the 2nd port Bangkok, it looks like it's loaded on the upper part with the Singapore cargo.

Checker You're right, but that's because it's hard to mark on the chart and actually, we have little problem with that.

C/O Yes. That maybe a little problem...well, what about doing it this way? Doesn't that look better?

Checker You're right. Give it to me.
I'll make a little correction. Now, Is it O.K.?

C/O Good. It's O.K. now. It looks much better. Now, show me the damage report, please. Have you kept on the damage report 2 broken boxes of textile goods bound for Singapore in hold No. 2?

Checker Sure. It's on the report.

C/O Now, let me see the mate's receipt.

L.A 출항

체 커　안녕하세요? 1항사님.

1항사　안녕하세요. 브라운씨.
어서오세요.

체 커　감사합니다.

1항사　자, 선적서류를 보여 주시겠습니까?

체 커　예, 우선 적부계획도부터 검토해 보시지요.

1항사　그러지요.

체 커　1C/S짜리 점선으로 표시하고 붉은색으로 칠해 놓았습니다.

1항사　좋습니다. 그런데 이것은 다음 항구인 방콕 화물인데 싱가폴 화물 위쪽에 실린 것처럼 되어 있군요?

체 커　예, 그것은 그림상으로 표시하기가 좀 어려워서 그렇게 하였지만 실제로는 그렇지 않으니 별 문제는 없겠지요.

1항사　뭐 별 문제는 없겠지만… 이렇게 표시하면 보기에 낫지 않겠습니까?

체 커　그게 좋겠군요.
이리 주십시오.

1항사　예, 됐습니다. 이렇게 하면 보기가 훨씬 낫겠군요. 다음에는 Damage report를 좀 보여 주시지요. 2번 선창 내의 싱가폴행 직물 2상자가 파손된 것도 Damage report에 올렸지요?

체 커　예, 다 넣었습니다.

1항사　다음에는 본선 수취증을 보여 주십시오.

Checker	Here you are. All damages are recorded to on the mate's receipt.
C/O	I'd like to put down some remarks here.
Checker	What do you mean?
C/O	Like this? "This cargo had been wet slightly before loading."
Checker	Maybe it's all right. Actually, on the rust condition of steel coil, the pre-loading survey is already completed by the surveyor from the P & I club and it will make little difference.
C/O	O.K. Here you are.
Checker	Thank you.
Checker	Theses are the copies for your ship. 3 copies of the stowage plan, 2 copies of the damage report, 1 copy for each mate's receipt. And this is the checker's document at the discharging port.
C/O	Thank you. Now, it's all finished.
Checker	What time is arranged for the pilot?
C/O	15:00 hours, and we have about an hour to go.
Checker	How long does it take to Singapore?
C/O	Usually it takes about 20 days, but as it's winter, we are expect 2 or 3 more days. If we meet some low pressure a few days in a row, we may delayed for 4 to 5 days.
Checker	Is that so? Anyway I wish you a good voyage.
C/O	Thank you.
Checker	Thank you very much. Hope to see you on the next trip.
C/O	Thank you very much. Have a nice day.
Checker	You too. Bye-bye.

체 커 예, 여기 있습니다. 본선 수취증에도 Damage를 모두 기록하였습니다.

1항사 여기에는 제가 Remark를 좀 넣겠습니다.

체 커 어떻게 하시려구요?

1항사 이렇게 넣겠습니다. "이 화물은 선적 전에 약간 젖어 있었다."

체 커 뭐 괜찮겠지요. 사실 스틸코일의 녹슨 상태에 대해서는 P&I club 검사원의 선적 전 검사가 이미 되었으니까 안 넣어도 별 문제는 없겠습니다.

1항사 자, 되었습니다.

체 커 감사합니다.

체 커 이것은 본선 사본입니다. 첨부계획은 3부, Damage report 2부, 본선 수취증 각 1부씩입니다. 그리고 이것은 양화항의 체커용 서류입니다.

1항사 예, 감사합니다. 수고하였습니다.

체 커 도선사는 몇 시로 수배되어 있습니까?

1항사 15:00시로 되어 있으니까 약 1시간 정도 남았군요.

체 커 싱가폴까지는 얼마나 걸립니까?

1항사 싱가폴까지는 통상 20일 정도 걸리지만 지금은 겨울철 이므로 2~3일 정도 더 걸릴 것으로 예상하고 있습니다. 운이 나빠서 저기압을 자주 만나면 4~5일 늦어질 수도 있지요.

체 커 그렇습니까? 아무쪼록 평탄한 항해가 되시길 기원합니다.

1항사 감사합니다.

체 커 감사합니다. 다음 항차에 다시 뵙겠습니다.

1항사 대단히 감사합니다. 안녕히 가십시오.
즐거운 오후가 되시길 바랍니다.

체 커 당신도요.

Unit 13

Drydocking

Section 1. Hull repair work(선체수리작업)

Section 2. Engine repair work(기관수리작업)

Section 1

HULL REPAIR WORK

Shipyard Engineer Are you the chief officer? How do you do?
I am George Brown, engineer in charge of the hull.

Chief Officer How are you? I am Kim Dong- Chul, chief officer.
Have a seat, please.

Shipyard Engineer Welcome to our shipyard. It looks like your ship was built not long ago. Would you tell me when and where the ship was built? And when and where was it for your previous docking?

Chief Officer Our ship was built in fall of 1981 at Hyundai shipyard at Ulsan, Korea. So it's four years old.
Previous docking was made at Mipo shipyard at Ulsan last August, 1984.

Shipyard Engineer Anyway, I envy you, seamen since you are travel around the world to see local cultures and to broaden your hu-man relationships.

Chief Officer Not exactly, But we have our pride and feeling of achievement.

Shipyard Engineer What are your main sailing routes?

Chief Officer We are doing tramper service, mainly between Southeast Asia and America.

Shipyard Engineer As I suppose you have already notified your crew, but please make sure again that no crew man move under the crane during the operation. Recently, a crew of the ship with Panamanian nationality was seriously injured.
And during docking, please avoid to use the toilet of the ship,

선체수리작업

기 사　1항사 이십니까? 처음 뵙겠습니다. 저는 선체담당기사인 George Brown 입니다.

1항사　안녕하십니까?
저는 본선 1항사인 김동철입니다. 자 앉으시죠.

기 사　저희 조선소를 찾아 주셔서 대단히 감사합니다. 귀선은 신조한 지 얼마 되지 않아 나은 것 같습니다만, 언제 어디에서 건조되었는지요? 또한 지난번의 입거는 언제 어느 조선소였습니까?

1항사　예, 본선은 1981년 가을 한국의 울산 현대조선소에서 건조되었으므로 선령은 약 4년입니다. 지난번 입거는 1984년 8월의 울산 미포조선소였습니다.

기 사　아무튼 저는 선원들을 부러워합니다. 왜냐하면 세계 곳곳을 다니면서 각국의 풍물도 구경하고 교제관계도 넓히실 수 있을테니까요.

1항사　꼭 그렇지만은 않습니다만, 나름대로 보람, 긍지를 가지고 있습니다.

기 사　귀선의 주요 항로는 어떠한지요?

1항사　예, 본선은 부정기선으로 운항되고 있지만 주로 동남아 일대와 미국 사이를 운항하고 있습니다.

기 사　1항사께서는 본선 선원들에 대하여 이미 주의시켰으리라 믿습니다만, 선원들이 움직이고 있는 크레인 밑으로 선원들이 다니지 않도록 철저히 주의를 주시길 당부 드립니다. 지난번 입거 했던 파나마 국적 선박의 선원 1명이 크게 다친 적이 있습니다. 또한 입거 전 기간 동안 본선의 화장실 사용을 피하시고 불편하시더라도 육상의 화장실을 이용해

and use that on the shore even a little inconvenient.

Chief Officer Sure. I've notified my crew of that sufficiently.

Shipyard Engineer Now, shall we talk over repair work of the hull?

Chief Officer Good. I think you have already reviewed the docking indent we sent you.

Shipyard Engineer Of course. We've already reviewed the indent thoroughly, and as for myself, I have separately prepared a classified plan for the hull part repair. If possible, would you tell me in detail about each part of the repair work while taking a look around the site?

Chief Officer Very well. Will you come with me?

Shipyard Engineer Of course

Chief Officer As you see, the tiles in the 4 parts of the floor are blown up. As specified on the indent, take away the parts and replace them with new ones neatly.

Shipyard Engineer It's very easy.

Chief Officer We have a problem with this stern light. It breaks every couple of day because of the heavy rolling of the hull during navigation, and we've ever a had a risk of collision with overtaking a vessel. As shown on the indent, please move the position of the stern light a little with its bottom supported securely.

Shipyard Engineer If you move the position of the stern light, you don't have any problem violating the regulations on positioning of light?

Chief Officer We've already thought of that and found out on problem.

주시기 바랍니다.

1항사　　예. 잘 알고 있습니다. 그 점에 관해서는 이미 충분히 주의를 환기시켜 두었습니다.

기　사　　그러면 지금부터 선체 부분의 수리작업에 관해 상의해 볼까요?

1항사　　그러죠. 조선소측에선 저희가 송부한 입거수리사양서를 이미 충분히 검토하였으리라 사료됩니다만.

기　사　　예, 물론입니다. 저희는 귀선에서 제출한 입거수리사양서에 대하여 이미 상세히 검토하였으며, 저 자신 또한 선체 부분의 수리작업 항목을 따로 분류하여 두었습니다. 가능하면 지금 현장을 돌아보면서 각 수리작업 항목에 대해 설명해 주시겠습니까?

1항사　　예, 그러죠. 함께 나가실까요?

기　사　　물론입니다.

1항사　　보시다시피 여기 톨로 바닥의 타일이 4개소가 부풀어 올라와 있습니다. 이들 부분을 떼어내고 새로이 매끈하게 해 주십시오.

기　사　　예, 쉬운 일이라 생각됩니다.

1항사　　여기 선미등이 문제입니다. 선미등의 전구가 항행 중의 심한 선체진동으로 인하여 몇 일이 멀다하고 빈번히 나가 버립니다. 이에 따라 저희는 추월선에 의한 충돌의 위험성을 항상 느껴 왔습니다. 수리사양서에서 설명된 바와 같이 선미등의 위치를 약간 옮겨 설치해 주시고, 밑부분을 충분히 보강해 주시길 바랍니다.

기　사　　선미등의 위치를 변경하면, 등화의 설치 위치에 관한 규칙에 위배되지 않을까요?

1항사　　그 점에 관해선 저희가 충분히 검토한 결과 전혀 문제가 되지 않는 것으로 판명되었습니다.

Shipyard Engineer	Very well.
Chief Officer	Shall we head for fo'csle?
Shipyard Engineer	Here, the handrail is partially broken.
Chief Officer	Right. The last time, we met a storm this part was deta-ched by the wave.
Shipyard Engineer	Still the storm is a big danger to seamen.
Chief Officer	You bet, Nobody can understand it he has no experience, Anyway, connect this part by welding.
Shipyard Engineer	Sure.
Chief Officer	The first step of the gangway ladder is broken. Please weld it neatly.
Shipyard Engineer	No problem.
Chief Officer	And renew 6 beam sockets and 2 hatch cleats of No. 2 hatch coaming.
Shipyard Engineer	I'll check the necessary parts. We'll make it without any mark.
Chief Officer	As you know well, take out the anchor chain on the lock floor orderly, tap all joining shackle pins once, and mark on the chain. Meanwhile, please chip and clean chain locker to bare metal and paint it with coal tar once.
Shipyard Engineer	Don't worry about this matter.
Chief Officer	Please change the boat fall of the 2 lifeboats on the ship. And since No.1 boat on her starboard side is not laid orderly on boat chock, please correct it, too.
Shipyard Engineer	No problem for changing at fall, but for No.1 boat on starboard side, shell we try to move it first, and decide what to do?
Chief Officer	Very well.

기 사　　예, 좋습니다.

1항사　　그럼 선수쪽으로 가 볼까요?

기 사　　여기 핸드레일의 일부분이 떨어져 나갔군요.

1항사　　예, 지난번에 황천을 만나 이 부분이 파도에 휩쓸려 떨어져 나갔습니다.

기 사　　역시 황천은 선원의 큰 위험으로 존재하고 있군요.

1항사　　물론입니다. 황천을 겪어 보지 아니한 사람은 잘 이해하지 못할거라 생각합니다. 아무튼 이 부분을 용접하여 연결해 주십시오.

기 사　　예, 알겠습니다.

1항사　　현문사다리의 첫 발판이 파손되어 있으니 깨끗이 용접해 주십시오.

기 사　　예, 어려운 일은 아니군요.

1항사　　2번 해치 코밍의 빔 소켓 6개와 해치 클리트 2개를 갱신해 주십시오.

기 사　　어느 개소인지 살펴 봅시다. 표시해 놓지 않더라도 잘 알아서 하겠습니다.

1항사　　잘 알고 계신 사항입니다만, 묘쇄를 도크 바닥에 가지런히 끌어내어 연결용 샤클핀 모두를 두드려 보고 난 다음 묘쇄에 마킹해 주십시오. 그 동안 묘쇄 격납고를 치핑하고 소제하여 녹을 완전히 제거하고 콜타르를 한 번 칠해 주십시오.

기 사　　이 사항에 관해선 걱정하지 마십시오.

1항사　　본선에 설치된 구명정 2척의 보트폴을 교체해 주십시오. 또한 우현 1호정이 보트초크에 반듯하게 놓여지질 않으니 조치해 주시기 바랍니다.

기 사　　보트폴의 교체는 문제 없습니다만, 우현 1호정의 문제에 있어선 함께 움직여 본 다음 상의하여 결정하도록 합시다.

1항사　　예, 좋습니다.

Shipyard Engineer	Thanks for your cooperation.
Chief Officer	You are welcome. It's a good job to decorate the beautiful lady. I am on board and to remove any sport from her.
Shipyard Engineer	Navigators are real gentlemen! Do you have any telephone aboard for a talk with the shore? I've something to discuss my office.
Chief Officer	We have it in the mass room.
Shipyard Engineer	Thank you. As you know, work starts at 9 o'clock tomorrow. I'll see you again then.
Chief Officer	I see. could you give me your contact?
Shipyard Engineer	Oh, I am sorry I forget it. If you need contact me, just ask the operator for extension 37.
Chief Officer	O.K. See you tomorrow.

기 사 여러 가지로 협조해 주셔서 감사합니다.

1항사 천만에요. 저가 승선하고 있는 이 어여쁜 여성(선박을 지칭)을 예쁘게 치장하고 흠집을 없애 주는 것이 저의 임무인걸요.

기 사 역시 마도로스는 멋쟁이인가 봅니다. 선내에 육산 전화가 가설되어 있는지요? 저희 사무실에 연락해야 할 사항이 있습니다만.

1항사 이미 선원식당에 설치되어 있습니다.

기 사 감사합니다. 알고 계시리라 믿습니다만, 작업은 내일 오전 9시부터 시작됩니다. 저도 그때 다시 찾아 뵙겠습니다.

1항사 예, 알겠습니다. 연락처를 말씀해 주시겠습니까?

기 사 아, 깜박 잊고 있었군요. 만약 저에게 연락하실 일이 있으시면 교환양에게 37번으로 연결해 달라고 말씀하십시오.

1항사 예, 그러죠. 내일 봅시다.

Section 2

Engine repair work

1. DISCUSSING WITH DOCK ENGINEER

Dock Engineer Where can I find the chief engineer?

Crewman He should be up in the office room.

Dock Engineer Good morning, Chief Engineer. I am James Brown, dock engineer in charge or Engineering.

Chief Engineer Glad to see you. Have a seat, please. We'd like to have you draw out the pistons of No.3 and No.4 cylinders of the main engine. It is an ordinary main-tenance job. Have you had experience with the M.A.N?

Dock Engineer You can depend on me. I have a lot of experience with it. Now, What is the situation?

Chief Engineer We were to head homeward to Korea with the engine as is, but the blow-by is too excessive and power has dropped. Also running at slow speed is unstable.

Dock Engineer How much are the liners worn out?

Chief Engineer I think they must be worn out as much as two millimeters if there is not any extraordinary wear.

Dock Engineer Then, it must be caused mainly by a broken piston ring or worn-out piston ring.

Chief Engineer I think so, too.

Dock Engineer Anything you want me be careful about in the cause of doing the job.

엔진수리작업

1. DISCUSSING WITH DOCK ENGINEER

기 사 기관장님은 어디 계십니까?

선 원 사무실에 계십니다.

기 사 기관장님 안녕하십니까?
저는 기관담당 기사인 제임스 브라운입니다.

기 관 장 반갑습니다. 앉으십시오. 주기의 3번 및 4번 실린더에서 피스톤을 뽑아 주셨으면 합니다. 통상적인 정비작업입니다. M.A.N.에 대하여 경험이 있으십니까?

기 사 믿어주십시오. 많은 경험이 있습니다. 그런데 현상은 어떻습니까?

기 관 장 기관을 현 상태 그래도 하여 한국으로 기항할 예정이었으나 블로-바이가 과도하고 출력이 떨어졌습니다. 역시 저속회전이 불안정합니다.

기 사 라이너는 얼마나 마모됐습니까?

기 관 장 만약 다른 어떤 이상마모가 없다면 대체로 2밀리미터가 마모되었다고 생각합니다.

기 사 그렇다면 피스톤 링의 절손이나 마모가 주원인이겠습니다.

기 관 장 그렇게 생각합니다.

기 사 작업과정에서 주의해야 할 점이 있습니까?

Chief Engineer I want you to be careful about setting up the stuffing box of the piston rod. If it is done incorrectly, it will cause leakage of oil. Once it leaked as much as one hundred and fifty liters a day.

Dock Engineer I understand. Can you lend me some special tools?

Chief Engineer Of course. The engineer in charge and others will help you, so you'd better ask then about the details. And please use millimeters in measuring.

Dock Engineer Is there anything else?

Chief Engineer Nothing. But as for checking the crack in the cylinder cover, we'll do it ourselves.

Dock Engineer Very good, sir. What time are you leaving?

Chief Engineer At eight o'clock tomorrow morning, so finish it by tonight by all means.

Dock Engineer I am sure. I can finish it by ten o'clock tonight.

Chief Engineer Then we can have a test run around eleven o'clock. Now, you can go about it.

2. DISCUSSING WITH DOCK ENGINEER

Chief Engineer This is the first engineer and this is the second engineer.

Dock Engineer How do you do, I am shipyard engineer Who is the engineer in charge of the main engine?

Chief Engineer It's second engineer, but the first engineer is in overall charge, so you can say both of them are in charge of the engine.

Dock Engineer I'd like to hear the details from you.

1st Engineer Oh, go ahead. you can ask me questions.

기 관 장　피스톤 로드의 스터핑 박스를 조립할 때에 주의하여 주십시오. 만일 불완전하면 기름의 누설이 일어납니다. 그전에 하루에 150리터 정도 누설된 일이 있습니다.

기　사　알겠습니다. 특수공구를 빌려 주시겠습니까?

기 관 장　물론이죠. 담당 기관사와 기관부원들이 협조할 것이며 자세한 것은 그들에게 문의하십시오. 그리고 계측단위는 밀리미터로 사용하십시오.

기　사　그 밖에 다른 일은 없을까요?

기 관 장　없습니다. 그러나 실린더 커버의 균열검사는 승무원들이 하겠습니다.

기　사　좋습니다. 출항은 언제입니까?

기 관 장　내일 아침 8시인데 오늘 밤 중에 꼭 마쳐주십시오.

기　사　알겠습니다. 오늘 밤 10시까지 미치리라 봅니다.

기 관 장　그러면 11시에 시운전할 수 있겠군요. 자 시작하십시오.

2. DISCUSSING WITH DOCK ENGINEER

기 관 장　이 사람이 1기사이고 이 사람은 2기사입니다.

기　사　안녕하십니까. 저는 조선소 담당 기사입니다. 그런데 주기를 담당하는 기관사는 어느 분입니까?

기 관 장　2기사입니다만, 1기사도 전반적으로 담당하고 있으므로 두 사람 모두가 담당이라 볼 수 있습니다.

기　사　자세한 설명을 들었으면 합니다.

1기사　예, 말씀하세요. 질문하십시오.

Dock Engineer Well, in the first place, show me the places where I am to use the special tools and where the tools are stored.

1st Engineer The tools you will need are right here. This is the tool you use to hoist the cylinder covers, the impact wrench for the cover nuts is ready with the air hose connected.

The tool to hoist the pistons is this one here, and this is the tool to take out the piston rings.

Dock Engineer Do you want to replace all the piston rings?

1st Engineer It depends on the result of measuring the rings and ring grooves, but I'm afraid we will have to change them all.

Dock Engineer Do these rings vary in dimension?

1st Engineer They are of three sizes, but I'll make it easy for you to tell which goes where.

Dock Engineer I have been told by your chief engineer to be careful when putting together the stuffing box of the piston rod.

1st Engineer A lot of oil leaks from the piston rod, so we put them together with lots of care.

Dock Engineer I plan to use the measuring points given in the instruc-tions of our firm's form "A". What do you think of it?

1st Engineer Let me have a look at it. Change these measuring point of the top clearance to the four points of F.A.P and S. And the others can be measured according to the instructions in this form.

Dock Engineer I understand. But I may have to ask you some questions later.

3. AT THE SITE

Dock Is the cooling water drained out?

기 사 첫째로 특수공구의 사용개소와 저장개소를 가르쳐 주십시오.

1기사 당신이 필요하는 공구는 바로 여기에 있습니다. 이것이 실린더 커버를 끌어 올리는 공구이고, 커버 너트용의 임팩트 렌치는 에어 호스를 접속하여 준비해두었습니다. 피스톤 인상용 공구는 이것이고, 피스톤 링을 떼어내는 공구는 이것입니다.

기 사 피스톤 링을 모두 교체하시겠습니까?

1기사 링과 홈을 계측한 결과에 따르면 아마 모두 교체해야 한다고 생각합니다.

기 사 이들 링은 여러 가지 치수의 것을 사용하고 있습니까?

1기사 3가지 사이즈입니다. 어느 것을 어디로 넣을 것인지 알기 쉽게 해두겠습니다.

1기사 피스톤 로드의 스터핑 박스를 조립할 때 주의하라고 기관장께서 말씀하셨습니다.

1기사 피스톤 로드로부터 기름의 누설이 많기 때문에 조립할 때에는 세심하게 주의하고 있습니다.

기 사 계측개소를 우리 회사의 A양식의 지침에 따라 할까 합니다만 어떻겠습니까?

1기사 잠깐 보여 주십시오. 톱 클리어런스의 계측 위치를 F, A, P, S의 4개소로 변경하여 주십시오. 그리고 나머지는 이 양식의 지시에 따라 계측하십시오.

기 사 알겠습니다. 그러나 나중에 몇 가지 질문을 할는지 모르겠습니다.

3. AT THE SITE

도크측 냉각수는 모두 배출됐습니까?

Ship	Yes, it is. All is ready now.
Dock	The impact wrench seems to be losing power.
Ship	I'll check the air pressure. Will you test it?
Dock	I heard you are going to check the cracks in the covers. How about cleaning them? Are you also going to clean them too?
Ship	We want to leave that to you. Let us know when you have finished cleaning.
Dock	Can I rub off the collars of the liner with the grinder?
Ship	Yes, and you can use our grinder.
Dock	I've finished cleaning the port. Will you inspect them?
Ship	The diagonal face on the side is not cleaned well enough. Will you try it again?
Dock	I'd like to clean only the places on the rings to be measured, and clean the ones to be used again. What do you say about that?
Ship	That's OK. Will you measure then as soon as you have finished cleaning the grooves?
Dock	I've finished cleaning the rings and the grooves, Now, show me the rings to be used again, will you?
Ship	I have set the rings in order like this..., these go into No.3 cylinder, this way, these go into No.4 cylinder, and from the fore, top ring, second rnig, and so on. put them back without any mistake, will you.
Dock	Shall I also measure the clearance between the new ring and the groove?
Ship	Yes, please.
Dock	I'm going to put them in the piston. OK?
Ship	OK.
Dock	Where can I find the cylinder oil to apply to the piston?

본선측 예, 그렇습니다. 지금 모두 준비되어 있습니다.

도크측 임팩트 렌치는 힘이 약해 보입니다.

본선측 공기압력을 점검하겠습니다. 테스트해 주시겠습니까?

도크측 본선측에서 커버의 균열을 점검할 것이라고 들었습니다. 청소는 어떻습니까? 본선측에서 역시 청소하겠습니까?

본선측 도크측에 맡기겠습니다. 청소가 끝나면 알려 주십시오.

도크측 그라인더로 라이너의 칼라를 문질러 없애도 됩니까?

본선측 예, 본선의 그라인더를 쓰십시오.

도크측 전측의 청소가 끝났습니다. 검사하시겠습니까?

본선측 측방의 경사면이 충분히 청소되지 않았습니다. 다시 해주시겠습니까?

도크측 링을 계측할 면만 청소하고 재사용할 것만 청소했으면 합니다.의견은 없으십니까?

본선측 좋습니다. 홈의 청소가 끝나면 곧 계측해 주시겠습니까?

도크측 링과 홈의 청소가 끝났습니다. 자, 재사용할 링을 보여 주시겠습니까?

본선측 3번 실린더의 것은 여기 있고 4번 실린더의 링을 선수로부터 톱링, 세컨드 링. 그리고 기타 순서로 준비했습니다. 틀림 없이 조립해 주시겠습니까?

도크측 새 링과, 홈 사이의 크리어런스도 계측합니까?

본선측 예.

도크측 피스톤을 삽입하겠습니다. 됐습니까?

Ship	That's is between No.1. cylinder and No.2 cylinder.
Dock	Can I place the rings with the openings facing front and back, or in each direction of one hundred twenty degrees?
Ship	Place them in front and back, facing opposite each other.
Dock	Have you finished checking the covers?
Ship	Yes, I have. When you have finished putting in the pistons, you can replace the covers.
Dock	What shall I do with the packing of all the pipes and flanges?
Ship	Replace the packing with the new ones here. And you can use that annealed ring for the cooper ring of the liner. Please paint it with graphite when you put it in. paint the face of the packing with this Three Bond No1, and paint the stud bolts for the covers with this Moricote U.
Dock	O.K. Is the crank case cleaned well enough?
Ship	Yes, it's O.K. check again to see that you haven't forgotten any tools..

4. TEST RUN

Dock	Everything has been restored. Please feed the water and oil.
Ship	I'm going to feed the jacket cooling water first. you take out the air from the top of the cover, O.K?
Dock	O.K
Ship	It's leaking from the flange on the cover side of the pipe between the jacket and coner, Retighten it ,will you?
Dock	O.K Anywhere else leaking?
Ship	Seems to be no leaking. Now, I'm going to feed the piston colling water and the lubricating oil. Is the safely valve open? I'll start turning.

본선측 1번 실린더와 2번 실린더의 사이에 있습니다.

도크측 링의 절구는 전후로 하시겠습니다. 그리고 각 방향을 120도씩으로 배치하시겠습니까?

본선측 전후로, 1단씩 교호로 각각 배치하십시오.

도크측 커버의 점검은 끝났습니까?

본선측 예, 끝냈습니다. 피스톤을 넣고 나면 커버를 복구해도 좋습니다.

도크측 모든 파이프와 플랜지의 패킹을 어떻게 할까요?

본선측 여기 있는 새 것으로 바꾸어 넣으십시오. 그리고 라이너의 코퍼링은 저기 있는 물림된 링을 사용하십시오. 그걸 넣을 때 그래파이프(흑연)로 칠하십시오. 패킹 면에 있는 이 스리 본드 1호를 칠하고 커버의 스터드 볼트에는 이 모리코트 U를 칠해 주십시오.

도크측 좋아요. 크랭크 케이스의 청소는 이만하면 됩니까?

본선측 예, 됐습니다. 공구를 잊어버리지 않았는지 다시 점검하십시오.

4. TEST RUN

도크측 모두 조립했습니다. 물과 기름을 보급하십시오.

본선측 먼저 재킷 냉각수를 보급하겠습니다. 커버의 상부로부터 공기를 빼내어 주십시오. 됐어요?

도크측 됐습니다.

본선측 재킷과 커버 사이에 있는 파이프의 커버쪽 플랜지로부터 누설하고 있습니다. 다시 죄어 주시겠습니까?

도크측 좋소 다른 곳에서 누설하고 있습니까?

본선측 누설은 없는 듯합니다. 피스톤 냉각수와 윤활유를 보급하겠습니다. 안전밸브는 열려 있습니까? 터닝을 시작하겠습니다.

Dock It's open. It's turning O.K

Ship The piston cooling water and the lubricating oil are O.K. I'll feed the air next. Stay near the flange. It is apt leak from there.

Dock Are you feeding air already?

Ship I am.

Dock There seems to be no leaking. Now, test start, will you?

Ship Before that, we have to take out the air from the fuel valve.

Dock Oh! Yes.

Ship When we have taken out the air, I'm going to test start, so wait a while.

Dock How many times you test the starting up?

Ship Once for the air running and twice for ahead and astern drives.

Dock I understand.

5. AFTER WORKS IS COMPLETED

Chief Engineer Thank you. We have finished an hour earlier than I expected.

Dock Engineer You had enough the spare parts and tools, so we were able to make better headway than we had thought.

Here is the measuring record. It's stained a little, but you don't mind. I hope.

Chief Engineer I don't mind at all. Isn't it hard to measure in millimeters?

Dock Engineer As I am not used to it, it took a little longer, Now, sign this certificate for the work completion. Four copies in all.

Chief Engineer Will you put down that "All packing were pro-vided by the ship", right after where it says "All packing were replaced"

Dock Engineer Very well, sir.

도 크 측　열려 있습니다. 터닝은 좋습니다.

본 선 측　피스톤 냉각수와 윤활유도 좋습니다. 다음에는 공기를 보내겠습니다. 플랜지 부근에 있어 주십시오. 거기서 누설되기 쉽습니다.

도 크 측　벌써 공기를 보내고 있습니까?

본 선 측　예.

도 크 측　누설이 없는 것 같습니다. 자, 기동시험을 해보시겠습니까?

본 선 측　그 전에, 연료밸브의 공기를 빼내야죠.

도 크 측　오, 그렇군요.

본 선 측　공기를 빼내고 나면 기동시험을 하겠으니 잠깐만 기다려 주십시오.

도 크 측　기동시험은 몇 회나 할 셈인가요?

본 선 측　공기운전 1회, 그리고 전진과 후진 2회죠.

도 크 측　알겠습니다.

5. AFTER WORKS IS COMPLETED

기 관 장　고맙습니다. 기대했던 것보다 1시간 빨리 끝났군요.

도크기사　예비품과 공구가 충분했기 때무에 생각했던 것보다 작업진도가 양호했습니다.

기 관 장　전혀 상관 없습니다. 밀리미터로 계측하기가 어렵지 않습니까?

도크기사　익숙하지 않아서 약간 오래 걸렸습니다. 그러면 공사완료 증명서에 서명하여주십시오. 모두 4부입니다.

기 관 장　"모든 패킹을 신품으로 교체했음"이라고 쓴 바로 뒤에 "모든 패킹은 본선으로부터 공급받았음"이라고 써주시겠습니까?

도크기사　알겠습니다.

Chief Engineer Is this all right the way I signed?

Dock Engineer Yes, sir, that's enough. Thank you very much.

What is you next port of call?

Chief Engineer We are sailing homeward to Pusan via Singapore.

Dock Engineer The long voyage must be hard on you.

Bon voyage.

Chief Engineer Thank you.

기 관 장	이렇게 서명하면 됩니까?
도크기사	예, 충분합니다. 대단히 감사합니다. 다음 기항지는 어디입니까?
기 관 장	긴 항해는 힘드시겠습니다.
도크기사	긴 항해는 힘드시겠습니다. 안전항해를 빕니다.
기 관 장	고맙습니다.

Unit 14

Medical officer education program

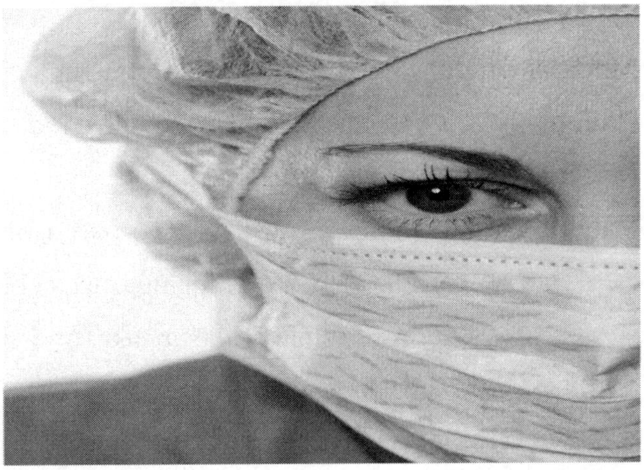

Section 1

Medical officer education Program

Medical Officer Come in

Wiper Good morning I am the wiper.

Medical Officer Can I help you?

Wiper It's the oiler of the engine room. He collapsed suddenly with pains in his stomach. He needs medication?

Medical Officer But just medication may not be enough. How is his condition?

Wiper Well, I don't know exactly, but after lunch, we were just laughing and talking about his love affairs in the past, and suddenly, he collapsed holding his stomach.

Medical Officer Maybe he is just.

Wiper His face doesn't look like it.

Medical Officer Well, let's go and see. I'll check him first and then get medication. Where is his room?

Wiper This way, please. Look! He's still rolling in pain. His face, it's turned pale.

Medical Officer Much pain? O.K Lie straight.

Patient Oh, it really kills me. Give me any medicine, please.

Medical Officer When did it start?

Patient Since yesterday, I've had a headache, pains in my limbs, chills, and I've been felling queasy but I've kept fighting it. After lunch, my stomach felt uneasy, and stayed in my room talking with my friends when, suddenly it start to hurt.

위생관리자 교육 프로그램

위생관리자　들어오세요.

기 관 원　안녕하십니까? 기관원입니다.

위생관리자　어떻게 오셨습니까?

기 관 원　다름이 아니라 기관부 조기수가 갑자기 배가 아프다고 딩굴고 해서 약을 좀 타러 왔습니다.

위생관리자　배가 어떻게 아픈데 약만 먹어서 되겠어요?

기 관 원　글쎄요. 잘은 모르겠지만 점심을 먹고 쉬면서 전에 연애한 이야기를 하면서 웃고 놀다가 갑자기 배를 쥐고 뒹굴고 있습니다.

위생관리자　그분 혹시 꾀병 아니에요? 하하 …

기 관 원　얼굴을 보니깐 그렇지 않은 것 같던데요.

위생관리자　어디 같이 가봅시다. 제가 한번 보고서 약을 지어드리지요. 방이 어디지요?

기 관 원　네, 이리오세요. 저기 저방입니다. 저것 보세요. 아직까지 딩굴면서 아프다고 하네요. 아이구 얼굴도 하얗게 창백해졌네요.

위생관리자　많이 아파요? 자, 반듯이 누워보세요.

환　자　아이구 죽겠어요. 어서 약이나 주세요.

위생관리자　처음에 어떻게 아팠어요?

환　자　어제부터 머리가 아프고 팔 다리가 쑤시고 오한이 나면서 기분이 좋지 않아요. 그래도 참았지요. 점심을 먹고 나도 소화도 잘 안 되는 것 같아서 방에 있다가 동료들과 이야기 하는 도중 그만 갑자기 배가 아프기 시작하더군요.

Medical Officer O.K. Let's check your stomach. Undo your shirt. That's enough. Now, I'll press it, and you tell me where you feel the pain the most.

Patient Yes. Oh!...Yes. It's there. There I hurt the most.

Medical Officer Here? O.K. you may get dress. And let me check your blood pressure. Stretch your arm Hum Now your heartbeat, And please open your mouth, keep the ther-mometer under your tongue, hold it with your lips gently.

Patient Is it finished?

Medical Officer No. Not yet. You have to wait a little longer. Say about 2-3 minutes. O.K., it's finished. Let me see it. You have high temperature. How long is it been you first had your pain?

Patient About 40 minutes.

Medical Officer Any vomit or nausea?

Patient Not exactly, but I feel a little sick.

Medical Officer Before lunch, did you feel anything strange?

Patient No. Not at all.

Wiper You talk like a doctor.

Patient You're right, I feel like a patient getting treatment in a hospital.

Wiper When your study it? What was your major?

Medical Officer Well, I only had a Medical officer course for one month at KOMMATI on my last vacation.

Wiper So that's why you do it so well!

Medical Officer Any headache?

Patient A little.

Medical Officer you look exhausted and your pulse low.

Patient What do you think is the cause?

위생관리자 자 배 좀 만져봅시다. 옷을 좀 내리세요. 아아 … 너무 내리지 마세요. 됐습니다.

환 자 네네 아야 … 거기 거기. 거기가 제일 아픕니다.

위생관리자 여기에요? 네 … 됐습니다. 옷 올리세요. 혈압 좀 재 봅시다. 팔을 내세요. 음 … 또 맥박도 재봅시다. 자 이제는 입을 버리시고 체온계를 혀 밑에 넣으시고 입술로 체온계를 살며시 무세요.

환 자 자 됐지요?

위생관리자 아니요. 좀더 있어야 되요. 약 2~3분은 되어야 지요. 됐습니다. 주세요. 열이 좀 있네요. 처음 아프기 시작한지가 얼마나 됐습니까?

환 자 약 40분 정도 되었습니다.

위생관리자 토하거나 구역질은 하지 않았나요?

환 자 그렇지는 않았으나 약간 메스꺼운 기분은 있어요.

위생관리자 점심 먹기 전에는 전혀 이상을 못 느꼈지요?

환 자 네, 그렇습니다.

기 관 원 그러니까 꼭 의사선생님 같네요.

환 자 그래, 내가 마치 병원에서 진찰받는 기분이야.

기 관 원 언제 그렇게 배우셨어요? 전공이 무엇인데요.

위생관리자 아니에요. 지난번 휴가 때 위생관리자 교육을 KOMMATI에서 1개월간 받았어요.

기 관 원 그렇습니까? 어쩐지 잘 하시더라.

위생관리자 머리는 아프지 않나요?

환 자 약간 아픕니다.

위생관리자 그리고 기운이 없고 맥이 없는 것 같습니다.

환 자 왜 그런데요?

Medical Officer Well. I'm not sure, but it looks like appendicitis.

Patient It isn't serious, is it?

Medical Officer Not really. Don't worry.

Patient Will I be all right?

Medical Officer Sure, just take some medicine and wait. And get some ice and put it on your stomach. Now, I need someone to come with me.

Medical Officer Let him take this medicine, and tell him to get some rest.

Wiper Thank you.

Medical Officer Hum...appendicitis...where's the book?

Wiper He's getting worse!

Medical Officer What do you mean?

Wiper He keeps on feeling pain! Now, he's nauseous and also vomiting!

Medical Officer He is? Let's go and see. Hum. It is serious. Wait a minute.

Medical Officer Captain, it looks like the oiler of the engine room is having appendicitis. We have to do something.

Captain If that's true? Then, we need medical help.

Captain Head the radio operator signal for medical help from the nearest country.

Medical Officer Chief, we have an emergency patient, and we can't do anything for him here. We need medical attention right away.

Radio Officer All right. Let's make a call.

Radio Officer Manila Port Radio. Manila Port Radio. Manila Port Radio, This is Korean Trader, Korean Trader, Korean Trader.

Manila Port Korean Trader, this is Manila port Radio.

Radio Officer Manila Port Radio. This is the Korean freighter bound to Singapore from America We have an emergency patient. We need your help. Contact a doctor.

위생관리자 글쎄요. 확실하지는 않으나 맹장염 같은데요.

환 자 그럼 큰일이네요.

위생관리자 큰일은 무슨 큰일이에요. 염려 마세요.

환 자 괜찮겠어요?

위생관리자 우선 약을 드릴테니 복용하시고 경과를 봅시다. 그리고 얼음으로 아랫배에 찜질을 좀 하세요. 자 누가 따라 오세요.

위생관리자 자 이 약을 가져다 먹이시고 안정을 하라고 그러세요.

기 관 원 네, 감사합니다.

위생관리자 음 맹장염이라 … 어디 책을 좀 보자.

기 관 원 저 사람 안되겠는데요?

위생관리자 왜요?

기 관 원 계속 아프다고 하면서 이제는 토하고 구역질을 합니다.

위생관리자 그래요. 가 봅시다. 음. 안되겠군. 잠시 기다리세요.

위생관리자 선장님 기관부 조기수가 맹장염 같은데 어떤 조치를 취해야 되겠습니다.

선 장 그래요? 그럼 의료원조를 받아야지….

선 장 통신사한테 가서 인접국의 의사의 도움을 요청합시다.

위생관리자 통신사님 환자가 발생했는데 본선에서는 곤란합니다. 의료원조를 받아야 되겠습니다.

통 신 사 알겠습니다. 불러봅시다.

통 신 사 Manila Port Radio. Manila Port Radio. Manila Port Radio, 여기는 코리안 트레이더. 코리안 트레이더. 코리안 트레이더.

마닐라무선 코리안 트레이더, 여기는 마닐라 무선.

통 신 사 안녕하십니까? 여기는 한국화물선 코리안 트레이더인데 미국에서 싱가폴로 가는 중 환자가 발생하여 도움을 청합니다. 의사 좀 연결 시켜 주십시오.

Manila Port Radio Roger. Wait a second

Doctor This is Dr. Aton of the Philippine Sanitary Hospital. What's the condition of the patient?

Medical Officer Pulse is 63, temperature is 39°2′, blood pressure 105/50, abdomen is inflamed and patient complains nausea and vomiting, Also pain in the low-right quadrant.

Doctor Give him analgesics and antibiotics right away, and contact me again after one hour.

Radio Officer Roger. Thank you.

Medical Officer I'll give them the medicine and keep him under observation.

Captain How is he?

Medical Officer There is little change.

Captain Then, we definitely need to evacuate him.

Medical Officer All right, Prepare him for departure.

Patient Am I dying?

Medical Officer By no means. Don't worry. Nobody dies of appendicitis. Any recently experience of diarrhea? What about constipation?

Patient Recently I caught a cold. I had a sore throat, cough, and pains in the chest-I was almost dying.

Medical Officer How long ago was it?

Patient Oh, about a week.

Medical Officer O.K., we are ready. Have you make contact?

Radio Officer Yes. The helicopter is coming.

Medical Officer We need a stretcher, too.

Wiper Look! it's the Helicopter!

Captain Everything ready? Then, the Medical officer will go with the patient.

마닐라무선	알겠습니다. 잠깐만 기다리세요.
의　사	여보세요. 여기는 필리핀 위생병원의 의사 DR. Anton입니다. 환자가 어떤 상태입니까?
위생관리자	맥박은 분간 63회, 체온은 39°2′, 혈압은 105/50이며 복통을 호소하고 구토증세와 두통이 있고 복부는 팽만하며 우하 복부가 아프답니다.
의　사	그럼 우선 진통제와 항생제를 투여하고 1시간 후에 연락하세요.
통 신 사	알겠습니다. 감사합니다.
위생관리자	그럼 약을 다시 투여하고 경과를 보겠습니다.
선　장	좀 어때요?
위생관리자	별 차도가 없는 것 같습니다.
선　장	그럼 후송합시다.
위생관리자	알겠습니다. 자 후송준비하세요.
환　자	이거 죽는거 아닙니까?
위생관리자	아니에요. 염려 마세요. 맹장염으로 죽은 사람 없습니다. 전에 설사한 적 있어요? 변비는요?
환　자	얼마 전에 감기가 걸려서 콧물이 나고 목이 아프고 기침도 나오고 가래가 생기며 가슴이 답답하여 혼난 적이 있습니다.
위생관리자	오래 됐나요?
환　자	아니요. 약 1주일 정도 됐습니다.
위생관리자	자, 준비 다 됐지요. 통신사님, 연락됐습니까?
통 신 사	네 곧 헬리콥터가 온답니다.
위생관리자	들것도 준비됐지요.
기 관 원	헬리콥터가 옵니다.
선　장	준비됐어요? 그럼 위생관리자가 같이 가세요.

Medical Officer	All right.
Patient	I'm freezing.
Medical Officer	How are you feeling?
Patient	A little better.
Medical Officer	Now, we are going to the hospital. You can relax.
Patient	I am sorry.
Medical Officer	Now we are at the hospital. Everything is going to be O.K.
Doctor	How did it start, and how is it now?
Medical Officer	About four hours ago, 30 minutes after lunch, he felt a sudden pain in the abdomen of complaint with nausea. he said he had big pain in the low-right quadrant, so, we gave him some ice, analgesics, and antibiotics, but the symptoms continue, high temperature and vomiting.
Doctor	He needs an operation.
Medical Officer	I see.
Doctor	Take him to the operating room.
Medical Officer	Is the operation painful?
Patient	Where am I?
Medical Officer	The Philippine hospital.
Patient	I had an operation? How am I?
Medical Officer	Any pain?
Patient	I don't know!
Nurse	How do you feel?
Patient	I'm not sure!
Nurse	If he has pain, please call me.
Medical Officer	Will do.
Patient	Oh! my stomach!

위생관리자 네 알겠습니다.

환 자 추워 죽겠어요.

위생관리자 아픈 것은 어때요?

환 자 좀 나은 것 같습니다.

위생관리자 이제 병원에 가니까 안심하여도 됩니다.

환 자 죄송합니다.

위생관리자 이제 병원에 도착했으니 안심하세요.

의 사 어떻게 아프기 시작했으며, 현재는 증세가 어떻습니까?

위생관리자 지금부터 4시간 전에 점심을 먹고 30분쯤 있다가 갑자기 배가 아프고 속이 메슥거렸습니다. 우하복부가 심히 아프다고 하여 얼음찜질과 진통제, 항생제를 투여 했으나 계속 통증이 있고 열이 오르며 구토 하길래 데리고 왔습니다.

의 사 아무래도, 수술을 해야 되겠는데요.

위생관리자 알겠습니다.

의 사 곧 수술실로 옮기세요.

위생관리자 수술 중에 아프지 않았어요?

환 자 여기가 어디입니까?

위생관리자 필리핀 병원이에요.

환 자 수술했어요? 잘 됐나요?

위생관리자 아프지 않아요?

환 자 네 잘 모르겠어요.

간 호 원 좀 어때요?

환 자 잘 모르겠어요.

간 호 원 아프다고 하면 연락하세요.

위생관리자 알겠습니다.

환 자 아이구 배야. 아이구 배야.

Medical Officer	Does it hurt very much?
Patient	Yes. I can't stand it!
Medical Officer	All right. I'll call the nurse.
Nurse	Is he in much pain?
Medical Officer	Yes. He said he can't stand it.
Nurse	I see. Tell him to try to stand it a little longer.
Medical Officer	They say you'll be all right within a few minutes. So, try to bear with it.
Patient	It's too painful, how can I bear it? Please give me a pain killer!
Nurse	Here, I'll give you injection. And take this medicine.
Medical Officer	When can he eat?
Nurse	He can eat after the gas is emitted from his stomach.
Medical Officer	Gas?
Patient	She's right. I had emitted gas early in the morning.
Medical Officer	Are you sure?
Patient	Yes.
Nurse	You are sure. O.K. Now, eat this soup. And you'll take an injection of Ringer's solution intravenously as well as intra-muscularly one's today.
Patient	It's helpless. I have to bear it if I want to go home quickly.
Nurse	Your wife must be very pretty. You talk a lot about home.
Patient	She is. By the way, I have diarrhea today and experience trouble in urination.
Nurse	You have? Then, urinate in this cup. And we'll check it.
Patient	I see.

위생관리자 많이 아파요?

환 자 네, 못 참겠어요.

위생관리자 알았어요. 간호원한테 이야기 해 줄게요.

간 호 원 저 사람이 많이 아프다고 합니까?

위생관리자 네, 못 참겠대요.

간 호 원 알았습니다. 좀더 견디어 보라고 하세요.

위생관리자 조금 있으면 괜찮아 질 거라고 좀 더 참아 보라고 하던데요?

환 자 아픈데 어찌 더 참으라구요? 진통제라도 좀 놔주세요.

간 호 원 자. 주사 좀 맞으세요. 그리고 이 약도 먹으세요.

위생관리자 식사는 언제 하나요?

간 호 원 뱃속에서 가스가 나와야 하게 됩니다.

위생관리자 가스?

환 자 간호원 말이 맞아요. 아까 아침에 가스가 나왔어요.

위생관리자 정말?

환 자 네.

간 호 원 정말이지요? 알았어요. 자 그럼 이 죽을 드세요. 그리고 오늘도 링겔 주사를 맞고 근육주사도 맞아야 되요.

환 자 할 수 없지요. 집에 빨리 가려면 참아야지요.

간 호 원 부인이 미인이신 모양이지요. 자꾸 집소리를 하시는 걸 보니.

환 자 그럼요. 그런데 오늘은 설사가 나오고 소변이 잘 나오지 않네요.

간 호 원 그래요? 그럼 이 컵에 소변을 좀 받아 주세요. 소변검사를 해야 되니까요.

환 자 알겠습니다.

Unit 15

The standard marine navigational vocabulary

1. Ready to sail(항해준비)
2. Proceeding down river(하천하행)
3. Aground(좌초)
4. Distress message(조난통보)
5. Search and rescue operations(수색 및 구조작업)
6. Entering the strait(수도 진입)
7. Situation report(상호아 보고)
8. Collision and fire(충돌과 화재)
9. Port control(항만관재)
10. Anchorage and berth(묘지 및 정박지)
11. Safety message and navigational warning(안전통보 및 하행 경보)
12. Help the sister ship(자매선구조)
13. Weather forecast(일기예보)
14. Ice-convoy(빙해 호송)
15. Canal transit(운하 통항)
16. Tropical storm(열대성 폭풍)

Section 1

Ready to sail

The vessel Utopia is getting ready to sail from Newharbour to Avonport, the first leg of a voyage that is going to take her half way round the wo-rld, using the Standard Marine Vocabulary throughout.

Utopia forward station, Utopia aft station, this is Utopia bridge. How do you read me? Utopia bridge, this is Utopia forward station. I read you with signal strength 5. Utopia bridge, this is Utopia aft station. I read you with signal strength 5. Utopia aft station, single up forward to head line spring. I will single up. Utopia aft station, single up aft to breast line and stern buoy line, take tug's towing line to capstan, then make fast on starboard quarter. I will single up and make tug fast Utopia, singled up forward. Utopia, singled up aft, Tug fast. Utopia, let go fore and aft. Utopia forward station, let go Utopia aft station, let go.

항해준비

유토피아호는 세계 반주 항해의 첫 항해인 뉴하버에서 에이본포트로 향한 출항준비를 갖추고 있다. 항해 중에는 계속 표준항해용어를 사용한다.

유토피아 선수부서, 유토피아 선미수서, 여기는 유토피아 선교, 이쪽 감도는?
유토피아 선교, 여기는 유토피아 선수부서, 그쪽 감도는 5(매우강함)입니다.
유토피아 선수부서, 선수는 헤드라인과 스프링을 남기고 싱글 업으로 하라.
싱글 업으로 하겠습니다.
유토피아 선미부서, 선미는 브레스트 라인과 선미 부이 라인을 남기고 싱글업하라. 예선의 토잉 라인을 캡스턴에 걸고 우현선미에 메이크 패스트하라.
싱글 업으로 하고 예선을 메이크 패스트하겠습니다.
유토피아, 선수를 싱글 업으로 했습니다.
유토피아, 선미를 싱글 업으로 했습니다. 예선을 붙들었습니다.
유토피아, 선수와 선미를 놓아라.
유토피아 선수부서, 놓았습니다.
유토피아 선미부서, 놓았습니다.

Section 2

Proceeding down the river

Utopia now clears the berth and proceeds down river. The pilot, now on
board Utopia, calls up his pilot station.

Newharbour pilot station, this is Utopia, channel 6 over. Utopia, Newharbour pilot station, channel 6 over. Newharbour Pilot station, this is Utopia. I am under way. My destination

is Avonport, My ETA at pilot is 2200 hours local time. My draught forward is 6.5 meters and my draught aft is 7.2 meters. I have a list to port of 1degree Over.

Utopia, this is Newharbour pilot, stand by on channel 16. Out. Attention all vessels. This is Newharbour. Navigational information follows on channel 12. Visibility is reduced by fog. Visibility at No.1 buoy is 2000 meters. Visibility expected to decrease to 1000 meters in one hour. There are salvage operations in position, south side of fairway at Fishhaven. Vessels must navigate with caution. Utopia, this is Newharbour, channel 12. Over.

Newharbour, this is Utopia, channel 12. Over. Utopia, this is Newharbour. Vessel Gargantua will turn at the refinery quay, ahead of you. You must stay clear of the fairway. Newharbour, this is Utopia. I am proceeding at reduced speed. I will wait for Gargantua to clear before entering fairway.

하천하행

뉴하버 파일럿 스테이션, 여기는 유토피아호, 채널 6입니다. 오버.

유토파아, 여기는 뉴하버 파일럿 스테이션, 채널 6입니다. 오버.

뉴하버 파일럿 스테이션, 여기는 유토피아, 이쪽은 항행 중입니다. 목적지는 에이본포트입니다. 이쪽의 파일럿 스테이션 도착에 2200지방시입니다. 선수흘수 6.5미터, 선미흘수 7.2미터입니다. 좌현으로 일도 경사되어 있습니다. 오버.

유토피아, 여기는 뉴하버 파일럿, 채널 16으로 기다려주십시오. 아웃.

모든 선박국에게 알립니다. 여기는 뉴하버. 채널 12로 항행통보를 송신합니다. 안개때문에 시계가 악화되었습니다. 제1호 부표에서 시정이 2,000미터입니다. 시정은 1시간 후에는 1,000미터 까지 감소될 것으로 예상합니다. 피시헤이븐의 항로 남쪽에서 침선의 인양작업을 하고 있습니다. 모든 선박은 주의하여 항행하시기 바랍니다.

유토피아, 여기는 뉴하버, 채널 12로 송신합니다. 오버.

뉴하버, 여기는 유토피아, 채널 12입니다. 오버.

유토피아, 여기는 뉴하버, 가갠튜어호가 귀선 전방에 있는 정련소 안벽에서 선회할 것입니다. 귀선은 항로를 비워서 기다려 주십시오.

뉴하버, 여기는 유토피아, 이쪽은 감속하여 항진 중입니다. 항로로 들어가기전에 가갠튜어호가 벗어날 때까지 기다리겠습니다.

Section 3

Aground

Newharbour, this is Gargantua, I am aground. Gargantua, this is Newharbour, your message understood, out. Attention all vessels, this is Newharbour Radio. Vessel Gargantua is aground in position 180 degrees, 1 cable from Fishhaven, No. 1 buoy. Navigation is closed in area 1 mile upstream, 1 mile downstream Fishhaven.

Radio telephone conversations interrupted by: Attention. Attention. This is Newharbour Radio. You must keep radio silence in this area on channel 16, unless you have messages about the casualty. Utopia, this is Newharbour. Over Newharbour, this is Utopia. Over Utopia, it is dangerous to approach Gargantua. You must anchor. Anchor position 1 mile upstream from Fishhaven has been allocated to you. Anchor north of the fairway.

New harbour, this is Utopia, I will anchor. Out. Gargantua, this is Newharbour. I will send more tugs at once. You must move as soon as possible. You are obstructing other traffic.

Utopia anchors, while tugs come to help Gargantua. Gradually the tide rises and soon Gargantua floats free, completes her manoeuvre with the help of the tugs and is standing by in the fairway.

Newharbour, this is Gargantua. Assistance is no longer required. Gargantua, say again.

Newharbour, this is Gargantua. Assistance is no longer required. Is There sufficient depth of water for me to proceed to berth now? Over. Gargantua, this is Newharbour. Yes, there is sufficient depth of water. Attention all vessels. Gargantua now clear of fairway. You may proceed. Utopia, this is Newharbour. Fairway is clear.

Newharbour, this is Utopia. I am heaving up anchor. May I proceed? Over.

좌초

뉴하버, 여기는 가갠튜어, 본선은 좌초했습니다.

가갠튜어, 여기는 뉴하버. 그쪽의 통보를 알았습니다. 아웃.

모든 선박국에게 알립니다. 여기는 뉴하버 무선(無線). 가갠튜어호가 피시헤이븐 제 1호 부표에서 180도 1케이블의 지점에서 좌초했습니다. 피시헤이븐의 상류 1마일, 하류 1마일의 수역에서는 항행이 폐쇄되어 있습니다.

무선전화의 회화가 중단되었다.

모든 선박국에게 알립니다. 여기는 뉴하버 무선. 사고에 관한 통보 이외는 이 수역에서 채널 16으로 하는 통신은 정지하여 주십시오.

유토피아, 여기는 뉴하버. 오버.

뉴하버, 여기는 유토피아. 오버.

유토피아, 가갠튜어로 접근하면 위험합니다. 귀선은 묘박하십시오. 피시헤이븐에서 상류 1마일의 묘지가 귀선을 위해 비어 있습니다.

뉴하버, 여기는 유토피아, 본선은 묘박했습니다. 아웃, 가갠튜어, 여기는 뉴하버, 이쪽은 즉시 예선을 더 보내겠습니다. 귀선은 가능한 한 신속히 움직여 주십시오. 귀선은 타선의 교통을 방해하고있습니다.

유토피아호는 묘박하고, 한편으로는 예선이 가갠튜어 호를 구조하러 간다. 차차 조수가 불어나서 이윽고 가갠튜어호는 이주(離洲)하여 예선의 원조를 받아 조선을 마쳤으며 항로에서 대기하고 있다.

뉴하버, 여기는 가갠튜어. 원조는 더 필요없게 되었습니다. 가갠튜어, 다시 송신해 주십시오.

뉴하버, 여기는 가갠튜어, 원조는 더 필요없게 되었습니다. 지금 정박지로 항진하려는데 본선에게 수심은 충분하겠습니까? 오버.

가갠튜어, 여기는 뉴하버. 예, 수심은 충분합니다.

Utopia, this is Newharbour. You may proceed. Over.

Newharbour, this is Utopia. Is there any other traffic? Utopia, vessel Nonsuch inward in position Northend pier, vessel Zoologist outward in position No. 3 buoy. Fairway speed in 8 knots. Do not overtake. Over. Newharbour, this is Utopia. I will proceed. Utopia now proceeds seawards through the Lees channel.

New harbour Pilot Station, this is Utopia, Over. Utopia, this is New harbour Pilot. Change to channel 9.

New harbour Pilot Station, this is Utopia, Changing to channel 9. New harbour Pilot. Is the pilot boat on station? Over.

Utopia, Yes, pilot boat is on station. Pilot boat is approaching your Vessel. You must rig pilot ladder on port side. New harbour Pilot, this is Utopia. Pilot ladder is rigged on port side.

모든 선박국에게 알립니다. 가갠튜어는 항로를 벗어났습니다.
각선은 항행해도 좋습니다. 유토피아, 여기는 뉴하버. 항로가 비었습니다.
뉴하버, 여기는 유토피아, 이쪽은 닻을 감아 들이고 있습니다. 항행해도 되겠습니까? 오버.
유토피아, 여기는 뉴하버. 귀선은 항행해도 좋습니다. 오버.
뉴하버, 여기는 유토피아. 다른 선박이 통항하고 있습니까?
유토피아, 논서취호가 노드엔드 잔교 지점을 입항중이고, 줄로지스트호가 제3호 부표 지점을 출항 중입니다. 항로의 제한속력은 8노트입니다. 추월하지 마십시오. 오버.
뉴하버, 여기는 유토피아. 본선은 항행하겠습니다.
유토피아호는 지금 리즈 수로를 따라 바다로 항진한다.
뉴하버 파일럿 스테이션, 여기는 유토피아, 오버.
유토피아, 여기는 뉴하버 파일럿, 채널 9로 변경하십시오.
뉴하버 파일럿, 여기는 유토피아. 채널 9로 변경합니다.
뉴하버 파일럿, 파일럿 보트가 배치되어 있습니까? 오버.
유토피아, 예, 파일럿 보트가 배치되어 있습니다.
파일럿 보트는 귀선으로 접근중입니다. 파일럿 래더를 좌현에 준비해 주십시오.
뉴하버 파일럿, 여기는 유토피아. 파일럿 래더는 좌현에 준비되어 있습니다.

Section 4

Distress message

The pilot leaves Utopia. Later in the day, the following message is heard. Mayday relay. Mayday relay. Mayday relay. All vessels. This is Southpoint Radio. Following received from yacht Iolande. I need help. I am sinking. My position is 160 degrees 4 miles from Bar-Water pier. Southpoint, this is Utopia. What is the position of vessel in distress?

Say again. Over. Utopia, this is Southpoint 160 degrees 6 miles from Barwater pier. Correction; 160 degrees 4 miles from Barwater pier. Over. Iolande, Iolande, this is Utopia, Utopia Over. Utopia, this is Iolande. Over. Iolande, I read you with signal strength 1. Advise try channel 6. Over. Message from Iolande in foreign language. s Iolande, I cannot understand your language. Please use the Standard Marine Vocabulary. I am coming to your assistance. I expect to reach You at 1900 hours zone time. Out.

Southpoint, this is Utopia. I have sighted Iolande. I am in position 162 degrees 4 miles from Barwater pier. Over.

조난통보

도선사는 유토피아호를 떠난다. 그날 늦게 다음과 같은 통보가 청취되었다.

메이데이 릴레이(遭難中斷). 메이데이 릴레이. 메이데이 릴레이.

모든 선박에게. 여기는 사우스포인트 무선입니다. 요트 아이올랜디호로부터 다음과 같이 수신했습니다. 본선은 구조를 요한다. 본선은 침몰 중이다. 본선의 위치는 바워터 잔교에서 160도 4마일이다.

사우스포인트, 여기는 유토피아. 조난선박의 위치는 어디입니까?

다시 송신해 주십시오. 오버.

유토피아, 여기는 사우스포인트 바워터 잔교에서 160도 6마일입니다.

정정합니다. 바워터 잔교에서 160도 4마일입니다. 오버.

아일올랜디, 아이올랜디, 여기는 유토피아, 유토피아

유토피아, 여기는 아이올랜디. 오버.

아이올랜디, 이쪽의 감도는 1(거의 느껴지지 않음)입니다. 채널 6으로 송신해 보십시오. 오버.

아이올랜디호에서 외국어로 통보받는다.

아이올랜디, 이쪽은 귀선의 말을 알아들을 수 없습니다. 표준항해용어를 사용해 주십시오. 이쪽은 귀선을 구조하러 가고 있습니다.

귀선에는 경대시(經帶時)로 19:00시에 도착할 예정입니다.

사우스포인트, 여기는 유토피아. 아이올랜디호를 발견했습니다. 이쪽의 위치는 바워터 잔교에서 162도 6마일입니다. 오버.

Section 5

Search and rescue operations

Utopia, this is Southpoint. Please take command of search and rescue.
Southpoint, this is Utopia. I am in command of search and rescue. Out.
Iolande. Is it safe to fire a rocket? Over. Utopia, this is Iolande. It is not safe to fire a rocket. Please send a boat. Make a lee for me. Over.
Attention, attention, all vessels. This is Southpoint Radio. Vessels are Advised to keep clear of sea area Quakesands. Search and rescue in operation 160 degrees 4 miles from Barwater pier. Iolande, I will make a lee for you. I am sending a boat to you. Southpoint, this is Utopia. I have eight survivors on board. Request Helicopter for casualties. There is a derelict adrift in position 170 degrees 4.5 miles from Barwater pier, at 2000 hours zone time. Over. Southpoint now terminates the distress by repeating Utopia's Signal to all vessels and resuming normal working. Southpoint Also make contact with the local naval helicopter station, and they agree at once to send a search and rescue helicopter with a Doctor to look after the casualties.
Utopia, this is Southpoint. What is the visibility at your position? What is the wind direction and force? Over. Southpoint, this is Utopia. Visibility at my position is 2.5 miles. Wind Direction and force is southwest force 5. Over. Helicopter now proceeding to you. Stand by on channel 16. Vessel Utopia, ready for helicopter?
Helicopter, this is Utopia, Ready for helicopter. My course and speed Is 190 degrees, 16 knots. Over. Utopia, this is helicopter. Identify yourself by directing signal lamp at me. Over. Helicopter, this is Utopia. I'm now making identification signal. Over.
Utopia, this is helicopter. You are identified. Over.
Helicopter, this is Utopia. Present relative wind direction and speed
030 degrees on port bow, 35 knots. Over.

수색구조작업

유토피아, 여기는 사우스포인트. 수색구조를 지휘하십시오.
사우스포인트, 여기는 유토피아. 수색구조를 지휘하고 있습니다. 아웃.
아이올랜디, 로켓을 발사해도 안전하겠습니까? 오버.
유토피아, 여기는 아이올랜디. 로켓 발사는 위험합니다. 보트 1척을 보내어 주십시오. 귀선은 본선의 풍상쪽으로 돌아가 주십시오. 오버.
모든 선박국에 알립니다. 여기는 사우스포인트 무선. 모든 선박은 퀘이크샌즈 부근의 해역에 접근하지 말도록 권고합니다. 바워터 잔교에서 160도 4마일의 지점에서 수색·구조작업 중입니다.
아이올랜디, 본선은 풍상쪽으로 돌아갑니다. 본선은 귀선에게 보트 1척을 보내려고 합니다.
사우스포인트, 여기는 유토피아. 본선에는 생존자가 8명이 있습니다.
부상자를 위한 헬리콥터를 요청합니다. 경대시 2000시에 바워터 잔교에서 170도 4.5마일의 지점에서 유기선이 표류하고 있습니다. 오버.
사우스포인트는 유토피아호의 통신을 모든 선박국에 반복하여 조난통보를 마치고 통상업무를 재개하고 있다. 사우스포인트는 또 그 지구 해군 헬리콥터 기지와 연락하고, 그 기지는 부상자를 치료할 의사를 탑승시켜서 수색·구조용 헬리콥터 파견을 즉시 동의한다.
유토피아, 여기는 사우스포인트. 귀선의 위치에서 시계는 어느 정도입니까? 풍향과 풍력은 어떻습니까? 오버.
사우스포인트, 여기는 유토피아. 본선의 위치에서 기계는 2.5마일 입니다. 풍향과 풍력은 남서풍이고 풍력 5입니다. 오버.
헬리콥터가 지금 귀선으로 비행 중입니다. 채널 16으로 대기하십시오. 유토피아(선박국), 헬리콥터를 받아 들일 준비는 되어 있습니까?

Utopia, indicate contact point. Over.

I will indicate contact point. Landing party ready to receive you. I will

Keep the wind on port bow. Over.

I am commencing operation now.

After a successful operation on which the casualties are Evacuated, the helicopter flies away, and Utopia makes the following message.

Southpoint, this is Utopia. Operation complete. Survivors flown off by helicopter. Assistance is no longer required. I am proceeding. Out.

헬리콥터, 여기는 유토피아. 헬리콥터를 받아들일 준비는 되어 있습니다. 본선의 침로와 속력은 190도 16노트입니다.

유토피아, 여기는 헬리콥터. 귀선을 식별할 수 있도록 이쪽으로 신호등을 돌려 주십시오. 오버.

헬리콥터, 여기는 유토피아. 본선은 식별신호를 보내고 있습니다. 오버.

유토피아, 여기는 헬리콥터. 귀선은 식별되었습니다. 오버.

헬리콥터, 여기는 유토피아. 현재의 상대풍향과 풍속은 선수좌현 030도 35노트입니다. 오버.

유토피아, 컨택트 포인트(接觸點)를 지시하십시오. 오버.

컨택트 포인트를 지시합니다. 상륙송환자는 그쪽을 받아들일 준비가 되어 있습니다. 본선은 바람을 좌현선수로 받고 있습니다. 오버.

이쪽은 지금 작업을 개시하고 있습니다.

부상자의 철수작업은 끝나고 헬리콥터는 날아갔다. 그리고 유토피아는 다음과 같은 통보를 송신한다.

사우스포인트, 여기는 유토피아. 작업완료. 생존자는 헬리콥터로 보냈습니다. 원조는 더 필요 없습니다. 본선은 항진하기 시작했습니다. 아웃.

Section 6

Entering the strait

Utopia is now entering the St. Nicholas Strait. In the Strait there is an IMCO traffic separation scheme, and this is covered by a Radio information service. Utopia's radar has broken down.

St. Nicholas Strait Information Service, this is Utopia. Over. Utopia, this is St. Nicholas Strait Information Service. Change to channel 14.

St. Nicholas Strait Information Service, this is Utopia. My radar is not Working. Is visibility expected to change? Is it clear for me to enter traffic lane? My estimated position is 090 degrees 3 miles from Elephant Head. Over. Utopia, this is St. Nicholas Strait. You must alter course for identification.

St. Nicholas Strait, this is Utopia. I will alter course. I have altered Course to 245 degrees for identification. Over. Utopia, St. Nicholas Strait. I have located you on my radar. Your position is 094 degrees 3 miles from Elephant Head. Visibility is reduced by rain and mist within the Strait. Visibility is expected to decrease to 800 meters by midnight. You will meet crossing traffic at position off Gannet Head. Over.

St. Nicholas Strait, this is Utopia. I will enter traffic lane at 2315 hours Local time. Listening. Out.

수도 진입

유토피아호는 세인트 니콜러스 수도로 들어가고 있다. 이 수도에는 IMCO의 교통분리 방식이 설정되어 있고 무선전화로 정보를 제공하고 있다. 유토피아의 레이다가 고장 나버렸다.

세인트 니콜러스 정보센터, 여기는 유토피아. 오버.

유토피아, 여기는 세인트 니콜러스 수도정보. 서비스. 채널 14로 변경하십시오.

세인트 니콜러스 수도정보 서비스, 여기는 유토피아. 이쪽의 레이다는 고장입니다. 시계는 변할 듯합니까?

본선이 교통로로 들어가는 데는 시계가 좋겠습니까? 본선의 추정위치는 엘리판트 헤드에서 090도, 3마일 입니다. 오버.

유토피아, 여기는 세인트 니콜러스 수도입니다. 귀선을 식별하기 위해 침로를 변경해 주십시오.

세인트 니콜러스 수도, 여기는 유토피아. 본선은 변침하겠습니다.

식별을 위해 본선은 침로를 245도로 변경했습니다. 오버.

유토피아, 여기는 세인트 니콜러스 수도. 이쪽의 레이다로 귀선의 위치가 판명되었습니다. 귀선의 위치는 엘리판트 헤드에서 094도, 3마일입니다. 수도 내에는 비와 함께 안개 때문에 시계가 악화되어 있습니다. 미드나잇(子正, 夜半)까지는 시정이 800미터까지 감소될 것으로 봅니다. 가넷 헤드 난바다 지점에서 항로횡단선과 마주칠 예정입니다. 오버.

세인트 니콜러스 수도, 여기는 유토피아. 본선은 지방시 2315시에 교통로로 들어갈 예정입니다. 계속 청취하겠습니다. 아웃.

Section 7

Situation the report

All vessels, this is St. Nicholas Strait Information Service. Situation Report. Part 1. There is a vessel in position 280 degrees 4 miles from Gannet Head lighthouse, on course 030 degrees and speed 12 knots, Which is not complying with traffic regulations. Part 2. The visibility at Gannet Head is 1.5 miles. The visibility at Dolphin Bank light vessel is 2 miles. Part. 3. There is a wreck buoy in position 50 degrees 45 minutes north, 30 degrees 25 minutes west unlit. There is a vessel With a difficult tow on passage to Eckhavn now approaching Pelican Bank buoy.

St. Nicholas Strait Information Service told us about a difficult Tow making for Eckhavn. Earlier today there were sharp squalls, And visibility was sometimes very reduced. During one of these We heard;

This is St. Nicholas Strait Information Service. Unknown vessel pass-ing west of Bligh Bank buoy. You are running into danger. Submerged Wreck ahead of you. It is dangerous to remain on your present course. Advise you alter course to starboard.

상황 보고

모든 선박국에게 알려드립니다. 여기는 세인트 니콜러스 수도정보 서비스. 상황보고. 제1보. 가넷 헤드 등대에서 280도, 4마일 지점에 침로 030도, 속력은 12노트인 교통규칙에 따르지 않는 선박이 있습니다. 제2보. 가넷 헤드의 시정은 1.5마일. 돌핀 뱅크 등선(燈船)에서 시정은 2마일입니다. 제3보. 북위 50도 45분, 서경 30도 25분의 위치에 파손된 부표가 있으며 불이 꺼져 있습니다. 에크헤이븐으로 가는 항로에 어려운 예항 작업에 종사 중인 선박이 있으며 현재 펠리컨 뱅크 부표로 접근 중입니다.

세인트 니콜러스 수도정보 서비스는 에크헤이븐으로 향하고 있는, 작업이 곤란한 예항물체에 대하여 우리에게 통보했다. 오늘 이른 아침부터 지독학 스콜이 있었고 시계가 가끔 매우 악화되었다. 이러한 때(시계 악화)에 우리는 (다음과 같은 통보를) 청취했다 :

여기는 세인트 니콜러스 수도정보 서비스. 블라이 뱅크 부표의 서쪽을 통과하던 선명 미상인 선박. 귀선은 위험에 빠지고 있습니다. 전몰침선이 귀선의 전방에 있습니다. 현재의 침로대로 항진하면 위험합니다. 귀선이 우측으로 변침하도록 권고합니다.

Section 8

Collision and fire

But the unknown vessel does not comply, and a few minutes Later the following message is heard:-

Mayday. Mayday. Mayday. This is Valhalla. I need help. I have struck an unknown object. I am on fire and am leaking inflammable cargo. Over.

Valhalla, Valhalla, this is St. Nicholas Strait Information Service. What is your position? Over. St. Nicholas Strait Information Service, this is Valhalla. My position is 220 degrees 5 cables from Blight Bank buoy. Valhalla, this is St. Nicholas Strait Information Service. Lifeboat and tugs are coming to your assistance. Over.
But before assistance can arrive Valhalla sends the following report:-
St. Nicholas Strait Information Service, this is Valhalla. Fire is under Control. Lifeboat is no longer required. This is St. Nicholas Strait Information Service, Valhalla, do you require tugs?
St. Nicholas Strait Information Service, this is Valhalla. Yes, I require Tugs. My steering gear is damaged.
Attention all vessels. This is St. Nicholas Strait Information Service. There has been collision with a submerged wreck in position 240 degrees 4 cables from Bligh Bank buoy. Keep clear.

충돌과 화재

하지만 선명 미상인 선박은 따르지 않았고 잠시 뒤에 다음과 같은 통보를 청취했다 : -
메이데이(조난). 메이데이. 메이데이. 여기는 밸핼러. 구조를 요청합니다. 본선은 정체 불명인 물체와 충돌했습니다. 본선에는 화재가 발생하고 가연성 화물이 누출되고 잇습니다. 오버.
밸핼러, 밸핼러, 여기는 세이트 니콜러스 수도정보 서비스입니다. 귀선의 위치를 알려 주십시오. 오버.
세인트 니콜러스 수도정보 서비스, 여기는 밸핼러. 본선의 위치는 블라이 뱅크 부표에서 220도, 5케이블입니다.
밸핼러, 여기는 세인트 니콜러스 수동정보센터. 구명정과 예인선이 귀선을 원조하려고 가고 있습니다. 오버.
하지만 원조가 닿기 전에 밸핼러호에서 다음과 같은 보고가 송신되었다. : -
세인트 니콜러스 수도정보 서비스. 여기는 밸핼러. 화재는 차차 진화되고 있습니다. 구명정은 더 필요하지 않습니다.
여기는 세인트 니콜러스 수도정보센터. 밸핼러, 귀선은 예인선을 요청합니까?
세인트 니콜러스 수도정보 서비스. 여기는 밸핼러입니다. 예, 본선은 예인선을 요청합니다. 본선의 조타장치가 고장입니다.
모든 선박국에게 여기는 세인트 니콜러스 수도정보 서비스. 블리이 캥크 부표에서 240도, 4케이블인 지점에서 전몰침선과 충돌사고가 있었습니다. 접근하지 마십시오.

Section 9

Port control

We rejoin Utopia approaching Avonport fairway buoy where she will enter waters covered by Avonport port Control. The visibility is again reduced.
Utopia, this is St. Nicholas Strait information Service. You are leaving my screen. Change to channel 12.
St. Nicholas Strait Information Service, this is Utopia. Changing to channel 12. Out.
Avonport Port Control, this Utopia. Over. Utopia, this is Port Control. Over. Port control, Utopia. My radar is not working. Is shore-based radar Assistance available? Over.
Shore-based radar assistance is available. Do you require a pilot?
I require a pilot. Where can I take pilot? What are my berthing instruction? Over.
You can take pilot off Oyster Island. No information berthing instruction. What is your present position, course and speed. Over.
My present position is 010 degrees 4 cables from fairway buoy. I am Entering course to 250 degrees. My present speed is 8 knots. Over.

항만관제

여기서 다시 에이븐포트 항의 컨트롤(항만관제소)의 관할 수역으로 들어가게 되는 바, 에이븐포트 항로부표로 접근 중인 유토피아호로 얘기가 되돌아간다. 시계는 다시 감소되었다.

유토피아, 여기는 세인트 니콜러스 수도정보 서비스 귀선은 이쪽의 (레이다) 스크린에서 벗어납니다. 채널 12로 변경하십시오.

세인트 니콜러스 수도정보 서비스 여기는 유토피아. 채널 12로 변경합니다. 아웃.

에이븐포트 포트 컨트롤, 여기는 유토피아. 오버.

유토피아, 여기는 포트 컨트롤. 오버.

포트 컨트롤, 유토피아. 본선의 레이다가 고장입니다. 육상 레이다의 원조(유도)를 받을 수 있습니까? 오버.

육상 레이다의 원조를 이용할 수 있습니다. 귀선은 도선사가 필요합니까?

본선은 도선사를 요청합니다. 도선사의 승선지는 어디입니까? 본선의 정박지시 사항은 무엇입니까? 오버.

오이스터 섬 난 바다에서 승선시킬 수 있습니다. 정박지시 사항은 없습니다. 귀선의 현재위치, 침로 및 속력을 알려 주십시오.오버.

본선의 현재위치는 항로부표에서 010도, 4케이블입니다. 본선은 250도로 변침 중입니다. 현재의 속력은 8노트입니다.

Section 10

Anchorage and berth

Utopia continues inward with the assistance of the shore-based radar.

Utopia, this is Avonport Port control. You are getting closer to the Vessel ahead. You must reduce speed. Over. Avonport Port control, this is Utopia. What speed do you advise?

Utopia, this is Avonport Port control. Adivise speed 6 knots. Advise you alter course to 320 degrees at 0315 hours local time, and pass east of New Rock. Vessel on opposite course 1.5 miles distant will pass on your port side.

Avonport Port control, this is Utopia. I am reducing speed to 6 knots. I Will alter course to 320 degrees 0315 hours local time. Utopia, this is Guiding Light. Over.

Guiding Light, this is Utopia. Change to channel 6. Over.

Utopia, this is Guiding Light. Changing to channel 6. Utopia, I wish to overtake you on your port side. Over.

Guiding Light, this is Utopia. Do not, repeat do not, overtake me.

Vessel on opposite course about to pass my port side. Over.

Utopia, this is Guiding Light. I will not overtake. I am reducing speed. Over.

Utopia, this is Arvonport Port control, pilot boat is approaching your vessel, Over.

Avonport Port Control, this is Utopia. Pilot on board, I will proceed inward. Over.

Utopia, this is Avonport Port Control. Vessel ahead of you is on opposite course. You must course to starboard. There is a hampered vessel in position 090 degrees 5 miles from No.1 jetty Oilmouth. You must anchor at Lambs Roads. Your berth is not clear. Over.

Avonport Port Control, this is Utopia. What is the anchor position for Me?

Utopia, anchor position 195 degrees 2 miles from Seatown pier allocated to you.

묘지 및 정박지

유토피아 육상 레이다의 원조를 받으면서 입항을 계속한다.
유토피아, 여기는 에이븐포트 포트 컨트롤. 귀선은 전방의 선박에 접근하고 있습니다. 감속하십시오. 오버.
에이븐포트 포트 컨트롤, 여기는 유토피아. 속력을 얼마로 하면됩니까?
유토피아, 여기는 에이븐포트 포트 컨트롤. 속력은 6노트를 권고합니다. 지방시 0315시에 귀선은 320도로 변침하고 뉴 로크의 동쪽을 통과하십시오. 1.5마일에 있는 반항선이 귀선의 좌현측을 통과할 것입니다.
에이븐포트 포트 컨트롤, 여기는 유토피아. 본선은 6노트로 감속 중입니다. 지방시로 0315시에 320도로 변침하겠습니다.
유토피아, 여기는 가이딩 라이트. 오버.
가이딩 라이트, 여기는 유토피아, 채널 6으로 변경바랍니다. 오버.
유토피아, 여기는 가이딩 라이트. 채널 6으로 변경하고 교신하겠습니다. 유토피아, 본선은 귀선의 좌현쪽을 추월코자 합니다. 오버.
가이딩 라이트, 여기는 유토피아. 절대로 본선을 추월하지 마십시오.
반항선이 본선의 좌현을 통과하려 하고 있습니다. 오버.
유토피아, 여기는 가이딩 하이트. 추월하지 않겠습니다. 본선은 감속 중입니다. 오버.
유토피아, 여기는 에어본포트 포트컨트롤, 파일럿 보트가 귀선에 접근 중입니다. 오버.
에이븐포트 포트 컨트롤, 여기는 유토피아. 도선사가 승선했습니다. 입항하겠습니다. 오버.
유토피아, 여기는 에이븐포트 포트 컨트롤. 귀선 전방의 선박은 반항선입니다. 우로 변침하십시오. 오일마우스 제1번 돌제(突堤)에서 090도, 5마일 지점에 조종성능 제한선이 있습니다. 램스 로즈에서 묘박하십시오. 귀선의 정박지는 비어 있지 않습니다. 오버. 에이븐포트 포트 컨트롤, 여기는 유토피아. 본선의 묘지는 어디입니까?

Avonport, this is Utopia. I will anchor in Lambs Roads.
Utopia proceeds as instructed to her temporary anchorage.
Avonport, this is Utopia. I am at anchor at lambs Roads.
Utopia, you must heave up anchor. You have anchored in the wrong position. You are obstructing other traffic. You must anchor in position 225 degrees 0.5 miles from your present position.
Avonport, I will heave up anchor.Utopia moves as directed and later reports:-
Avonport Port Control, this is Utopia. I am anchored off Seatown pier.
When will my berth be clear? Over.
Utopia, vessel leaving Oilmouth now. Deep vessel has entered fairway inwards. Your berth will be clear at 0730 hours local time. You will berth at No. 2 Dock. Stand by on channel 12. Out.
Utopia weighs anchor shortly before 0730 hours local time, and proceeds at slow speed toward her berth.

Avonport, this is Utopia. Over.
Utopia, this is Avonport. Report your position to assist identifi-cation. Over.
Avonport, this is Utopia. I am under way. My position is 330 degrees, 2 miles from lights and pier. My position has been obtained by Decca. Over.
Utopia, this is Avonport. I have located you on my radar. Wait for large vessel to clear Gull Creek before entering fairway. You must keep your present speed. Advice you alter course to 280 degrees. The vessel to starboard of you is entering after you. What is you draught, forward and aft? Over.
Avonport, this is Utopia. I will wait for large vessel to clear Gull Creek Before entering fairway. I am keeping present speed. I am altering course to 280 degrees. My draught forward is 6.5 meters and my Draught aft is 7.2 meters. Over.
All vessel, this is Avonport. Navigational warnings. There is a gas Leakage from

유토피아, 시타운 안벽에서 195도, 2마일의 묘지가 귀선에게 지정되어 있습니다.
에이븐포트. 여기는 유토피아. 본선은 램스 로즈에 투묘하겠습니다.
유토피아호는 지정된 대로 가박(假泊) 묘지로 항진한다.
에이븐포트, 여기는 유토피아. 본선은 램스 로중에 도착했습니다.
유토피아, 귀선은 양묘하십시오. 귀선은 잘못된 위치에 투묘했습니다. 귀선은 타선의 통항을 방해하고 있습니다. 귀선은 현재의 위치에서 225도, 0.5마일의 지점에 투묘해야 합니다.
에이븐포트, 본선은 양묘하겠습니다.
유토피아호는 지정대로 이동한 뒤에 통보한다.
에이븐포트 포트 컨트롤, 여기는 유토피아. 본선은 시타운 안벽 난 바다에 묘박하고 있습니다. 본선의 정박지는 언제 빕니까? 오버.
유토피아, 선박이 지금 오일마우스를 떠나는 중입니다. 심흘수선이 입항항로로 들어가고 있습니다. 귀선의 정박지는 지방시 0703시에 빕니다. 귀선은 제2호 도크에 계류될 예정입니다. 채널 12로 대기하십시오. 아웃.
유토피아는 지방시로 0703시 조금 전에 양묘하고 정박지로 향하여 저속으로 항진한다.
에이븐포트, 여기는 유토피아. 오버.
유토피아, 여기는 에이븐포트. 식별을 위해 귀선의 위치를 보고해 주십시오. 오버.
에이븐포트, 여기는 유토피아. 본선은 항행 중입니다. 본선 위치는 등화가 있는 안벽에서 330도 2마일입니다. 이 위치는 데카로 얻은 것입니다. 오버.
유토피아, 여기는 에이븐포트. 이쪽은 레이다로 귀선을 확인했습니다. 항로로 들어가기 전에 대형선이 걸 크리크를 통과하기까지 대기하십시오. 현재의 속력을 유지하십시오. 침로를 280도로 변침하기를 권고합니다. 귀선의 우현에 있는 선박은 귀선을 후속하여 들어갑니다. 선수, 선미의 흘수를 알려 주십시오. 오버.
에이븐포트, 여기는 유토피아, 항로로 들어가기 전에 대형선이 걸크리크를 통과하기까지 대기하겠습니다. 본선은 현재의 속력을 유지하고 있습니다. 본선은 280도로 변침중입니다. 본선의 선수흘수는 6.5미터, 선미흘수는 7.2미터입니다. 오버.
모든 선박국에게, 여기는 에이븐포트. 항행경보. 정련소 안벽 부근의 파이프라인이 파

fractured pipeline near refinery quay. There are pipe laying operations near gas leakage. There is a yellow buoy established In position 156 degrees, 1 cable from end refinery quay. Vessel are Advised to avoid this area. There is a vessel carrying out hydrographic Survey in area off Oilmouth No. 1 quay. Abnormally low tides expected in Avonport channel around 14:00 hours local time. Charted Depths are decreased by 0.5 meters.

Avonport, this is Utopia. I am passing Gull creek. I will proceed by Main fairway. Visibility at Gull Creek is 3 miles. How many tugs must Be taken by my vessel? Where will tugs meet me? Over.

Utopia, this is Avonport. You must take three tugs at No. 2 Longreach buoy. Do not arrive at berth after 09:30 hours local time.

Utopia proceeds towards Avonport to load. She has her radar required. We join her again in Chalk Bay enroute to Skedholm.

Unknown vessel 180 degrees 5 miles from Chalky Point; this is Androcles. What is your name? Over.

Androcles, this is Utopia, Utopia. Over.

Utopia, this is Androcles. Change to channel 13. Over.

Androcles, this is Utopia. I do not have channel 13. Please use chan-nel 6. Over.

Utopia, this is Androcles. Changing to channel 6. Your position is 110 degrees 12 miles from me. My position is 180 degrees, 1 miles from Star point. Navigate with caution. Small fishing boats are within 7 miles of me. Over.

Androcles, this is Utopia. Is there fishing gear ahead of me? Over.

Utopia, this is Androcles. Yes, you are heading towards fishing gear. There are nets with buoys in this area. Buoys are only showing on six mile range scale on my radar. Over.

Androcles, this is Utopia. Will change range scale on approaching. Over.

열되어 가스 누출이 발생했습니다. 가스 누출현장 부근에서 파이프 부설공사를 하고 있습니다. 황색부표가 정련소 안벽 끝에서 156도, 1케이블에 설치되어 있습니다. 모든 선박은 이 수역을 피하십시오. 오일마우스 제1번 부두의 난바다 수역에서 수로측량을 실시하고 있는 선박이 1척 있습니다. 이상적인 수면하강(저조)이 에이븐포트 수로에서 지방시로 14:00시경에 일어날듯합니다. 해도에 기재된 수심보다 0.5미터 감소될 듯합니다.

에이븐포트, 여기는 유토피아. 본선은 걸 크리크를 통과 중입니다. 본선은 주항로를 항진하겠습니다. 걸 크리크에서 시정은 3마일입니다. 본선은 예인선을 몇 척이나 사용해야 합니까? 예인선과 본선은 어디서 만나게 됩니까? 오버.

유토피아, 여기는 에이븐포트. 귀선은 롱리치 제2호 부표에서 예인선 3척을 사용하십시오. 지방시로 09:30시 이후에 정박지에 도착하지 마십시오.

유토피아호는 에이븐포트로 적하하기 위해 항진한다. 이 배는 레이다를 수리했다. 스케드홀름항으로 가는 도중에 초크만에서 그 배를 다시 만나게 된다.

초크 포인트에서 180도, 5마일에 있는 선명 미상인 선박; 이쪽은 앤드로클리즈, 귀선의 선명은 무엇입니까? 오버.

앤드로클리즈, 여기는 유토피아, 유토피아. 오버. 유토피아, 여기는 앤드로클리즈. 채널 13으로 변경하여 주십시오. 오버.

앤드로클리즈, 여기는 유토피아. 본선에는 채널 13이 없습니다. 채널 6을 사용하시기 바랍니다. 오버.

유토피아, 여기는 앤드로클리즈. 채널 6으로 변경합니다. 귀선의 위치는 본선에서 110도, 12마일입니다. 본선의 위치는 스타 포인트에서 180도, 1마일입니다. 주의하여 항행하십시오. 본선의 7마일 이내에 작은 어선들이 있습니다. 오버.

앤드로클리즈, 여기는 유토피아. 본선의 전방에 어구가 있습니까? 오버.

유토피아, 여기는 앤드로클리즈. 예, 귀선은 어구를 향하고 있습니다. 이 수역에는 부표달린 그물이 있습니다. 부표는 본선 레이다의 6마일 레인지 스케일(거리척)로 보일 뿐입니다.

앤드로클리즈, 이쪽은 유토피아. 본선이 접근하면 레인지 스케일을 변경하겠습니다. 오버.

Section 11

Safety message and navigational warning

Utopia keeps clear of the fishing fleet and is well out at sea, when she hears the following message:

Security, Security, Security.

Attention all vessels. This is Portcastle Radio. A warning of gales was Issued at 06:00 hours Greenwich Mean Time. South-westerly gales Imminent in area Portcastle and Gull, backing southerly and increasing To force 9. Decreasing to force 7 within the next 12 hours. Navigation Warning. Radio beacon service Whirlpool Rocks has been discontinued.

Utopia steams on until suddenly:

Utopia, Utopia, this is Oceanpoint Radio.

Oceanpoint Radio, this is Utopia. Over.

Utopia, Oceanpoint, channel 12. Utopia, I am passing a message For vessel Euphoria. Euphoria, echo, uniform, papa, hotel, oscar,

Romeo, india, Alfa. Message reads: Utopia, I am not under command.

My position is 49 degrees, 35 minutes north, 35 degrees 21 minutes west. It is dangerous for me to remain in present position.

I require a tow. Can you reach me by 16:00 hours zone time? Over.

Oceanpoint, this is Utopia. Wait.

Oceanpoint, this is Utopia. Please pass message to Euphoria. I expect to reach you at 15:30 hours zone time. My position is 50 degrees 01 minute north, 33 degrees 37 minutes west. Has your position been obtained by Decca? Decca chain West Atlantis red transmission inter-rupted at 20:00 hours local time. Check all lane numbers. My course is 249 degrees, speed 17 knots. Over.

안전통보 및 항행통보

유토피아 호는 어선군을 피하여 무사히 외양으로 벗어난다. 그때이 배는 다음과 같은 통보를 청취한다.
시큐리트(경보), 시큐리트, 시큐리트.
모든 선박에게 여기는 포트캐슬 무선. 세계 표준시로 16:00시에 강풍 경보(게일 워닝)가 발표되었습니다. 남서의 강풍이 포트캐슬과 걸 해역에 닥쳐 왔습니다. 이 바람은 남으로 치우치면서 풍력은 9에 이를 듯합니다. 앞으로 12시간 이내에는 풍력이 7로 떨어질 것으로 보입니다. 항행경보. 휠풀의 무선표지는 업무를 정지하고 있습니다.
유토피아호가 항진을 계속하는데 갑자기:
유토피아, 유토피아, 여기는 오션포인트 무선.
오션포인트 무선, 여기는 유토피아. 오버.
유토피아, 오션포인트, 채널 12입니다. 유토피아, 여기는 선박 유포리아호의 통보를 중계합니다. 유토피아, 에코의 E, 유니폼 U, 파파의 P, 호텔의 H, 오스카의 O, 로미오의 R, 인디어의 I, 앨퍼의 A입니다. 통신내용:
유토피아, 본선은 운전이 부자유합니다. 본선의 위치는 북위 49도 35분, 서경 35도 21분. 현위치에서 본선이 정류하기가 위험합니다. 본선은 예항을 요청합니다. 귀선은 경대시로 16:00시까지 본선으로 도착할 수 있습니까? 오버. 오션포인트, 여기는 유토피아. 기다려 주십시오.
오션포인트, 여기는 유토피아, 유포리아로 통보를 중계해 주십시오. 본선은 그곳에 경대시로 15:30시 까지 도착될 것으로 봅니다. 본선의 위치는 북위 50도 01분, 서경 33도 37분입니다. 귀선의 위치는 데카로 구했습니까? 웨스트 애틀랜티스의 적색 데카 체인은 지방시로 20:00시에 송신이 중단되었습니다. 모든 레인값을 점검하십시오. 본선의 침로는 249도, 속력은 17노트입니다. 오버.

Section 12

Help the sister ship

Utopia turns and proceeds at full speed to help her sister ship.

Later Euphoria gives her position.

Utopia, Utopia, do you read me? This is Euphoria. Over.

Euphoria, this is Utopia. I read you with signal strength 2. Change to Channel 6. Over.

Utopia, this is Euphoria. Changing to channel 6. My position has been obtained by astronomical observation. My position is 49 degrees 40 minutes north, 35 degrees 23 minutes west. Over.

Euphoria, this is Utopia. My ETA at your position is 15:15 hours zone Time. I intend to tow, using your.......................................

Euphoria, this is Utopia, I have located you on my radar. Your position Is 270 degrees, 5 miles from me. Standing by on channel 6.

Utopia, this is Euphoria. Standing by to establish tow. Stand by on channel 6.

Utopia, her voyage interrupted again, now prepares to tow her sister ship Euphoria to Parmouth for repairs. Having successfully completed this rescue operation, she heads for sea, turning north towards her next port of call. But it is late in the year, and after a few days the following is received late one evening on the radio.

자매선 구조

유토피아호는 전침(轉針)하고 자매선을 구조하기 위해 전속으로 항진한다. 그 후에 유포리아호가 위치를 알린다.

유토피아, 유토피아, 이쪽의 감도는 어떻습니까? 이쪽은 유포리아. 오버.

유포리아, 여기는 유토피아. 이쪽의 감도는 2입니다. 채널 6으로 변경하십시오. 오버.

유토피아, 여기는 유포리아. 채널 6으로 변경합니다. 본선 위치는 천측으로 구했습니다. 위치는 북위 49도 40분, 서경 35도 23분입니다. 오버.

유포리아, 여기는 유토피아. 귀선의 위치에 도착될 예정시각은 경대시로 15:15시입니다. 본선은 귀선의 … 을 사용하여 예항할 예정입니다.

유포리아, 여기는 유토피아. 본선은 귀선의 위치를 레이다로 확인했습니다. 귀선의 위치는 본선에서 270도 5마일입니다. 채널 6으로 대기하십시오.

유토피아, 여기는 유포리아. 예항태세로 준비하겠습니다. 채널 6으로 대기 합니다.

유토피아호의 항해는 또 다시 중단되고, 지금은 자매선인 유포리아호를 파마우스까지 수리하기 위해 예항할 준비를 한다. 이 구조작업을 무사히 마치고 이 배는 다음 기항지로 향하여 북으로 전침하고 바다로 항진한다. 그러나 시기가 연말에 가까운 며칠 뒤의 어느날, 다음 통보를 저녁 늦게 라디오로 청취한다.

Section 13

Weather forecast

And now here is the weather forecast for shipping. Gale warnings. Warning of north easterly gales, backing northerly and freshening, Were issued at 23:00 hours Greenwich Mean Time. Gales force 9 from North-east in sea areas Bear, Skua and Sea Lion, are expected to back to the north and freshen during the night to storm force 10, reaching force 11 in gusts later. Broken ice is expected in sea areas Bear and Skua. Temperature in the area are to drop sharply to minus 5 degrees centigarde, and icing may be expected to form moderately In the area by dawn.

The Captain of Utopia calls up the Skedholm Radio near his point of destination, to find out more about the situation.

Skedholm Radio, this is Utopia. Over.

Utopia, Skedholm Radio channel 26. Over.

Skedholm Radio this is Utopia, channel 26. My position is 55 degrees 30 minutes north, 48 degrees 40 minutes west. My destination is Skedholm. Do I require icebreaker assistance to enter? Yes, you require icebreaker assistance. Receiving point is 225 degrees 10 miles from Freya Head. Do not pass receiving point until 11:00 hours local time.

At approximately 10:45 hours local time Utopia reaches the receiving point where she heaves to in company with two other ships waiting to go into Skedholm.

Channel 9. Attention all vessels. This is icebreaker Nutcracker, icebreaker assistance to enter Skedholm is now coming. I will arrive in 15 minutes.

일기예보

이어서 선박에 대한 일기예보를 알립니다. 강풍경보. 세계시 23:00시에 북동의 강풍이 불고 있으며 북으로 치우치면서 차차 강해진다는 경보가 발표되었습니다.

풍력 9로 밤 사이에 북으로 돌아서 풍령 10인 강풍으로 강해질 듯합니다. 그후 풍력 11인 돌풍으로 될 것입니다. 베어 및 스쿠어 해역에는 쇄빙(碎氷)이 있겠습니다. 이 해역에서는 기온이 섭씨 영하 5도까지 급속히 내려갈 듯하며, 새벽에는 이 해역에서 상당한 결빙이 있겠습니다.

유토피아 호 선장은 그 상황에 관하여 더욱 자세히 알기 위해서 목적지 부근인 스케드홀름 무선을 호출한다.

스케드홀름 무선, 여기는 유토피아. 오버.

유토피아, 스케드홀름 무선 채널 26입니다. 오버.

스케드홀름 무선, 여기는 유토피아, 채널 26. 본선 위치는 북위 55도 30분, 서경 48도 40분입니다. 목적항은 스케드홀름입니다. 입항할 때에 본선에 쇄빙선의 원조가 필요합니까?

예, 귀선은 쇄빙선의 원조가 필요합니다. 리시빙 포인트는 프레이어 헤드에서 225도, 10마일입니다. 지방시로 11:00시까지 리시빙 포인트를 통과하지 마십시오.

지방시 10:45시경에 유토피아호는 리시빙 포인트에 도착하고, 거기서 스케드홀름으로 가기 위해 대기하고 있는 다른 2척과 함께 지주한다.

채널 9. 모든 선박국에게. 여기는 쇄빙선 넛크래커, 스케드홀름 입항의 쇄빙선 원조를 위해 가고 있습니다. 본선은 15분 이내에 도착할 것입니다.

Section 14

Ice-convoy

And shortly afterwards Nutcracker arrives and begins to organize the ice-convoy.
Utopia, this is Nutcracker. Icebreaker assistance is now com-mencing. Your place in the convoy is astern of me. You will be followed by vessel Martian Princess. Keep a distance of 3 cables between vessels. Follow me.
Nutcracker, this is Utopia. Okay, I am following you. I will keep a Distance of 3 cables between vessels. Martian Princess, this is Nutcracker. Your place in the convoy is astern of Utopia. You will be followed by vessel SIKIMARU
Attention all vessels. Slow down. Shorten the distance between vessels to 1 cable, proceed along the ice channel. Attention all vessels. Do not follow me. stop.
Icebreaker Nutcracker now has to break a channel for the convoy of ships to get through the thicker ice which has formed just outside the main harbour.
Attention all vessels. Follow me. Keep a distance of 120 meters between vessels.
Nutcracker, this is Martian Princess, I cannot follow you. I cannot move. I am Ice-bound.
Martian Princess, this is Nutcracker, I will come to your assistance.
Prepare to receive tow line. Vessels Utopia and SIKIMARU, stay where you are.
Nutcracker, this is martian Princess. I am ready to receive tow line. Nutcracker takes Martian Princess in tow and frees her from the ice.
Martian Princess, this is Nutcracker. Stop your vessel immediately.
Be ready to cast off tow line. I am stopping my vessel immediately. I am ready to cast off tow line.
Attention all vessels. Proceed along the ice channel. Follow me. Keep A distance of 120 meters between vessels.

빙해호송

잠시 뒤에 넛크래커 호가 도착하여 빙해호송선단(氷海護送船團)을 조직하기 시작한다.
유토피아, 여기는 넛크래커. 쇄빙선 원조가 곧 시작됩니다. 선단에서 귀선의 위치는 본선의 다음으로 됩니다. 귀선의 다음에는 마션 프린세스호가 후속합니다. 선박간 거리를 3케이블로 유지하십시오. 본선에 속항하십시오.
넛크래커, 여기는 유토피아. 알았습니다. 본선은 귀선에 속항합니다. 선박간 거리는 3케이블을 유지하겠습니다.
마션 프린세스, 여기는 넛크래커. 선단에서 귀선의 위치는 유토피아호의 다음입니다. 귀선에는 시키마루가 속항합니다.
모든 선박국에게, 저속으로 하십시오. 선박간 거리를 1케이블로 단축하고 빙간수를 항진하십시오. 모든 선박국에게, 본선에 속항하지 마십시오. 정지하십시오.
쇄빙선 넛크래커호는 이번에는 주항(主港)의 바로 바깥쪽에 얼어붙은 얼음 사이를 빠져나가기 위해 호송선단용인 수로를 열어야 한다.
모든 선박국에게 본선에 속항하십시오. 선박간 거리는 120미터를 유지하십시오.
넛크래커, 여기는 마션 프린세스. 본선은 귀선에 속항할 수 없습니다. 본선은 움직이지 못합니다. 본선은 얼음에 갇혔습니다.
마션 프린세스, 여기는 넛크래커. 본선은 귀선을 원조하러 갑니다. 예인 색을 받아들일 준비를 갖추십시오. 유토피아호 및 시키마루는 현위치에 정류하십시오.
넛크래커, 여기는 마션 프린세스. 본선은 예인색을 받아 들일 준비를 갖추었습니다.
넛크래커 호는 마션 프린세스 호를 예인하고 얼음에서 빠져 나오게 한다.
마션 프린세스, 여기는 넛크래커. 즉시 정지하십시오. 예인색을 풀어놓을 준비를 하십시오.
본선은 즉시 정지하고 있습니다. 예인색을 풀어놓을 준비가 되어 있습니다.
모든 선박국에게. 빙간항로를 항진하십시오. 본선에 속항하십시오. 선박간 거리를

Attention all vessels. You may now proceed. Icebreaker assistance is
Finished.

Utopia and the other two vessels, having come safely through the ice, enter the inner basin.

120미터의 간격을 유지하십시오.

모든 선박국에게. 각 선박은 항진해도 좋습니다. 쇄빙선 원조를 마칩니다.

유토피아호와 다른 2척은 얼음 사이를 안전하게 빠져 나와서 안쪽의 계선지(繫船地)로 들어간다.

Section 15

Canal transit

Utopia spends some time is Skedholm discharging cargo and then loading. At last, however, she is ready to sail again, and once clear of the ice has an uneventful voyage south-westwards. The days get warmer and the seas calmer, until late one evening as she is approaching the receiving point for the estuary leading to Sao Pedro and the entrance of the Otlar Canal, she calls up the shore radio at Mangrove Head.

Mangrove Head, this is Utopia. Over.

Utopia, Mangrove Head, channel 8 Over.

Mangrove Head, this is Utopia I will be at the fairway buoy in an hour. I wish to take bunkers and fresh water in Sao Pedro, and then transit The Otlar Canal. What are my instructions? Over.

Utopia, this is Mangrove Head. You will berth at No. 2 jetty. You berth is clear now. Transit will begin at 2000 hours local time. Out.

Utopia steams to her berth in Sao Pedro, where she takes on fuel and water. At 1930 hours local time the pilot comes on board, and she leaves the berth ready to go through the Otlar Canal.

Otlar Radio, this is Utopia. Over.

Utopia, Otlar Radio; channel 10. Over Utopia, this is Otlar Radio. What is your draught and what is your height?

Otlar Radio, Utopia. My maximum draught is 9 meters and my height

Is 30 meters.

Utopia, Otlar Radio. Report arrival at waypoint, Nobrega buoy. Utopia receives more precise instructions for navigating the Canal.

Otlar Radio, this is Utopia. I am at waypoint. Nobrega Buoy. What time can I enter

운하통항

유토피아호는 양하와 적하를 하면서 스케드홀름항에서 한동안을 보낸다. 하지만 드디어 이 배는 출항준비가 갖추어지고 결빙해역을 지나고 나서는 남서방향으로 평온한 항해를 한다. 날마다 날씨는 더워지고 바다는 고요해진다. 그리고 드디어 어느날 저녁 늦게 이 배는 상 페드로항과 오틀라 운하 입구에 이르는 강구의 리시빙 포인트로 접근하면서 망그로브 헤드에 있는 육상 무선국을 호출한다.

망그로브 헤드, 여기는 유토피아. 오버.

유토피아, 망그로브 헤드. 채널 8. 오버.

망그로브 헤드, 여기는 유토피아, 본선은 1시간 이내에 항로부표에 도착합니다. 본선은 상 페드로에서 연료와 청수를 싣고 오틀라 운하를 통과코자 합니다. 본선의 지시사항은 무엇입니까? 오버.

유토피아, 여기는 망그로브 헤드. 귀선은 제2번 돌제에 계류하게 됩니다. 귀선의 정박지는 지금 비어 있습니다. (운하) 통항은 지방시 2000시에 시작됩니다.

유토피아호는 상 페드로의 정박지로 항진하고, 거기서 연료와 청수를 적재한다. 지방시 1930시에 도선사가 승선하고 오틀라 운하 통과를 위해 정박지를 떠난다.

오틀라 무선, 여기는 유토피아. 오버.

유토피아, 여기는 오틀라 무선. 채널 10. 오버.

유토피아, 여기는 오틀라 무선. 귀선의 흘수를 알려 주십시오. 귀선의 높이는 얼마입니까?

오틀라 무선, 여기는 유토피아. 본선의 최대 흘수는 9미터, 높이는 30미터 입니다.

유토피아, 오틀라 무선입니다. 통과점(웨이포인트)인 노브리가 부이에 도착하면 보고하십시오.

유토피아 호는 운하 항행을 위한 더욱 상세한 지시를 받는다.

오틀라 무선, 여기는 유토피아. 본선은 노브리가 웨이포인트에 있습니다. 운하에는 몇

the Canal?

Utopia, this is Otlar Radio. You will enter the Canal at 20:30 hours local time. Transit speed is 8 knots.

And then, just before 20:30 hours local time:-

Utopia, this is Otlar Radio. You must close up on vessel ahead of you.

Distance between ships is two cables.

Utopia continues along the Canal keeping a sharp look-out for the crowded ferries crossing the water. In the early hours of the morning she receives further others:-

Utopia, this is Otlar Radio. You must wait at east lock lay-by. You Must wait for lock clearance until 01:30 hours local time. You will Enter east lock at 01:45 hours local time, when all eastbound vessels Have passed your vessel. A busy night ahead for Utopia. She moors safely at about 01:15 hours local time to let the eastbound vessels through, and soon three vessels pass her, going down the Canal by which she arriv-ed. As soon as the lock is clear she prepares to enter. She passes through the remainder of the Canal and its various locks Uneventfully during the night, and dawn is breaking when finally she leaves the last lock, drops her pilot, and heads for the open sea once more. This time she is enroute for Port Aloahoa in the Kotorga Isles. She's 14 days out and making good time in fair weather, when one evening the barometer starts to fall rapidly and the following storm warning is picked up over the radio:-

시에 들어갈 수 있습니까?
유토피아, 여기는 오틀라 무선. 귀선은 지방시 20:30시에 운하로 들어갈 예정입니다. 통과속력은 8노트입니다.
그때 마친 지방시로 20:30시전에:-
유토피아, 여기는 오틀라 무선. 전방의 선박에 더 접근하십시오. 선박간 거리는 2케이블입니다.
유토피아 호는 수로를 횡단하는 페리들을 엄중히 파수하면서 운하를 계속하여 항행한다. 아침 이른 시간에 이 배는 다시 지시를 받는다. :-
유토피아, 여기는 오틀라 무선. 귀선은 동수문의 대기수역에서 대기하십시오. 귀선은 지방시 01:30시까지 수문통과를 기다리십시오. 귀선은 지방시 01:45시에 동수문으로 들어가게 됩니다. 그때에는 모든 동행(東行)선박이 귀선을 통과해 버립니다. 바쁜 밤이 유토피아 호를 기다리고 있다. 이 배는 동행하는 선박을 통과시키려고 지방시 01:15시경에는 안전하게 게지한다. 그러자 곧 선박 3척이 이 배의 옆을 지나서 유토피아 호가 온 운하를 따라 내려간다. 수문에 장해가 없어져 즉시 이 배는 들어갈 준비를 한다. 밤 동안에 유토피아 호는 무사히 갖가지 수문을 지나서 운하의 나머지 부분을 통과한다. 겨우 마지막 수문을 나와서 도선사를 하선 시키고, 이 배가 다시 드넓은 대양으로 향할즈음에 밤이 새기 시작한다. 이번에는 이 배는 코토르가 군도의 알로아호아 항으로 가는 길에 있다. 유토피아 호는 14일간을 대양에 있으면서 맑은 날씨에 좋은 항해를 계속하고 있다. 그런데 어느날 밤에 갑자기 기압계가 급강하를 보이고 라디오에서 다음과 같은 폭풍경보가 청취되었다. :-

Section 16

Tropical storm

Tropical storm Zoe at 16:00 hours Greenwich Mean Time was moving in direction 200 degrees at 10 knots with maximum Winds force 11. The storm centre was in position 15 degrees 20 minutes...
The Captain of Utopia immediately plots the storm and its pro-bable course and finds that, as things are at present, he's heading directly into its path. He decides to alter course, and realizing a sister ship, the phantasia, is also in the neighbour hood, he calls her up to try to find out more about the weather situation.
Phantasia, Phantasia, this is Utopia. How do you read me?
Utopia, this is Phantasia. I read you fair, with signal strength 3.
Phantasia, this is Utopia. What is your latest tropical storm warring Information?
I have no information tropical storm, but my atmospheric pressure is 983 millibars and its change is a drop of 3 millibars in the last hour. What is the position, direction and speed of the tropical storm center? Do you have any more information?
Phantasia, this is Utopia. Yes, radio warning just received stated Tropical storm Zoe at 16:00 hours Greenwich Mean Time reported Moving in direction 200 degrees at 10 knots with maximum winds Force 11. The storm centre at that time was in position 15 degrees 20 Minutes south, 160 degrees 20 minutes east. I am now heading north-West to avoid the storm centre. Thank you, Utopia. Yes, I will also alter course to avoid the storm. Out.
Both vessels successfully avoid the storm, and two days later on a beautiful evening, the palm trees that fringe the natural har-bour of Port Aloahoa come into view on the horizon lit by the setting sun. Soon Utopia moored to a buoy, safe inside the reef, and most of her ships company are preparing to go ashore at last.

열대성폭풍

16. Tropical storm (열대성폭풍)

세계시로 16:00시 현재, 열대성 저기압(폭풍) 조이가 10노트의 속력으로 200도 방향으로 진행하고 있으며 최대풍력은 11입니다. 저기압의 중심위치는 15도 20분 …

유토피아호 선장은 즉시 저기압(의 중심)과 그 예상진로를 플로팅하고 현상태로서는 이 배가 똑바로 저기압의 경로(經路)로 향하고 있음을 알아낸다. 선장은 곧 변침하기로 결정하고 또 자매선인 판타지아호도 부근에 있음을 깨닫고 날씨의 상황에 관하여 더 상세히 알 수 없을까 하고 그 배를 호출한다.

판타지아, 판타지아, 여기는 유토피아. 감도(명료도)는 어떻습니까?

유토피아, 여기는 판타지아. 감도는 상당히 좋습니다. 감도 3입니다.

판타지아, 여기는 유토피아. 귀선의 열대성 폭풍경보에 관한 최신정보는?

본선은 열대성 저기압의 통보를 받지 못했습니다. 하지만 이쪽의 기압은 983밀리바이고 변화량은 지금 1시간당 3밀리바의 강하입니다. 열대성 저기압의 중심위치와 방향·속력을 알려 주십시오. 귀선은 다른 정보도 알고 있습니까?

판타지아, 여기는 유토피아. 예. 마침 청취한 라디오 경보로는 열대성 저기압 조이는 세계시로 16:00시 현재, 최대풍력 11이고 200도 방향으로 10노트의 속력으로 진행 중이라는 보도가 있었다고 합니다. 당시의 저기압 중심위치는 남위 15도 20분, 동경 160도 20분입니다. 본선은 지금 저기압의 중심을 피하기 위해 북서로 항행 중입니다. 감사합니다. 유토피아. 예, 본선도 폭풍을 피하기 위해 변침하겠습니다. 아웃.

두 선박은 성공적으로 폭풍을 피하고, 2일 후의 아름다운 저녁에 천연항(天然港)인 알로아호아항의 외곽을 이루는 야자수가 석양에 빛나는 수평선에 보이기 시작한다. 이윽고 유토피아호는 부표에 계류되고 안전하게 리프 내부로 수용되어 선박 승무원의 경우 대부분이 상륙할 준비를 하고 있다.

해사실무영어

초 판 발 행 | 2010년 2월 25일
초판4쇄발행 | 2015년 1월 15일

지 은 이 | 김명준 · 이상민 · 김경석 · 강인철
발 행 인 | 이성범
발 행 처 | 문운당
주 소 | 서울시 종로구 혜화로5길 16 (명륜1가 45-3)
출판등록 | 1962년 7월 4일 제 1-139
전 화 | (02)762-6010
팩 스 | 영업 (02)745-0265 / 편집 (02)762-8758
홈페이지 | http://munundang.co.kr
이 메 일 | munun2@chol.com

ISBN 978-89-7393-642-7 93530

정가 24,000원 (영어실습 CD 포함)